KB181517

이
토
록
멋
진
마
을

FUKUI MODEL Mirai wa chiho kara hajimaru by FUJIYOSHI Masaharu
Copyright ©2015 by FUJIYOSHI Masaharu
All rights reserved.
Original Japanese edition published by Bungeishunju Ltd., 2015
Korean translation rights in Korea reserved by Taurus Books,
under the license granted by FUJIYOSHI Masaharu, Japan
arranged with Bungeishunju Ltd., Japan
through Imprima Korea Agency, Korea.

이 책의 한국어판 저작권은 Imprima Korea Agency를 통한
Bungeishunju Ltd.와의 독점계약으로 황소자리 출판사에 있습니다.
저작권법에 의해 한국 내에서 보호를 받는 저작물이므로
무단전재와 무단복제를 금합니다.

행복동네 후쿠이 리포트

이토록 멋진 마을

후지요시 마사하루 지음 김범수 옮김

황소자리

내가 본 한국, 한국인

"미래를 예측하는 가장 좋은 방법은 미래를 만들어내는 것이다."

컴퓨터 학자이자 교육자인 앨런 케이의 유명한 말입니다. 이 책에서도 바로 '미래를 만든다'는 것에 대해 말합니다. 이 책에 등장하는 미래를 만든 사람들은 저명한 학자도, 훌륭한 정치인도 아닙니다. 지극히 일반적인 보통 시민입니다. 게다가 도시 사람들은 변방이라며 관심조차 갖지 않는, 일본의 호쿠리쿠北陸(동해에 면한 중일본의 3개 현, 즉 도야마, 이시카와, 후쿠이를 일컫는다 ─ 편집자)라는 지역 사람들입니다. 호쿠리쿠는 겨울이 되면 눈이 많이 내리는 등 자연환경이 험한 곳입니다. 번성한 도시에서 가장 멀리 떨어진 지역이라고 말할 수 있습니다.

그러나 호쿠리쿠에 있는 세 개 현 후쿠이, 도야마, 이시카와는 일본 정부가 조사해온 행복도 순위에서 상위 3위를 독식했습니다. 뿐만 아니라 민간 대형 싱크탱크와 지역경제 연구로 유명한 호세이대학교 대학원 조사팀 연구에서도 47개 도도부현(일본 광역 자치단체인 도都, 도道, 부府, 현県을 묶어 이르는 말이다 — 편집자)에서 항상 1, 2, 3위에 오르는 '행복한 지역'입니다.

이 책이 일본에서 나온 뒤 예상하지 않았던 반응이 쏟아졌습니다. 필자인 저에게 많은 언론 인터뷰 요청과 강연 의뢰가 들어왔습니다. 그 누구도 앞서 말했던 '행복도 순위'에 대해서는 알지 못하면서 "왜 호쿠리쿠일까, 의외다"라고 반복해서 말하는 것입니다.

많은 사람이 '행복한 마을'이라는 말에 관심을 가진 이유는 일본의 미래가 보이지 않아서이기 때문일 것입니다. 일본은 세계가 경험한 적 없는 초고령화 사회가 되어 노동가능 인구가 극단적으로 줄고 있습니다. 현역세대가 감소해서 많은 문제가 일어나고 있습니다. 지구온난화의 영향도 있어서인지 집중호우가 느는 등 자연재해가 자주 일어나고 있습니다. 그러나 산사태 등의 사고가 나도 토목 작업을 할 사람이 어느 지역 할 것 없이 줄어들어 복구 작업에 진척이 없습니다. 동일본 대지진 피해 지역에서도 마찬가지로 복구 지원을 할 인부가 부족합니다. 고령자 간병 현장도 마찬가지입니다. 간병시설 직원이 일손 부족으로 스트레스를 받아 한밤중에 시설의 노인들을 차례로 베란다에서 떨어뜨려 죽이는 비참한 사건까지 일어났습니다.

이런 문제는 한국 분들에게도 남의 일이 아니겠지요. 2017년에 한국은 65세 이상 고령자 인구비율이 14퍼센트가 됩니다. 출생률은 일본보다도 낮아서 저출산 고령화가 일본보다 심각해질 것입니다. 일본과 마찬가지로 지역 격차 문제도 있습니다. 서울에 집중된 인구를 줄이기 위해 한국 정부는 행정기관의 일부를 세종시로 옮겨 뉴타운을 건설하고 있습니다만 큰 효과는 보이지 않습니다.

그러나 이 책에 소개한, 한국보다 더 빨리 초고령화된 일본의 도야마, 후쿠이 사례는 한국에도 참고가 될 것이라고 생각합니다. 이 지역들은 '행복도'에서 최상위이고, 또 초·중학생을 대상으로 실시한 전국학력평가에서도 1위일 때가 많습니다. 도대체 어떤 구조이기에 그럴까. 그것이 필자인 저의 관심사였고, 독자도 상당히 흥미를 가진 부분입니다.

미래는 늘 인간의 예측을 넘어섭니다. 인구가 계속 늘고 있는 도쿄에서 노동력 부족 사태가 일어날 것을 20년 전에 예측한 사람이 있었을까요. 그러나 시대와 환경이 크게 변해도 아메바처럼 모양을 바꾸며 상황에 대응해온 것이 호쿠리쿠 사람들이라고 말할 수 있습니다.

저는 이 책이 한국에서 출판된다는 이야기를 듣고 왠지 강한 인연을 느꼈습니다. 그것은 한국이 저출산 고령화와 지역 격차라는, 일본을 닮은 과제를 안고 있기 때문만은 아닙니다.

2015년 가을 저는 부산에 머물면서 한국을 여행했습니다. 저의 아내는 일본에서 태어난 재일한국인 3세이고, 저는 아내와 쌍둥이 딸,

그리고 장인어른을 모시고 아내의 할아버지가 태어난 경상북도 의성을 방문했습니다. 장인도 쌍둥이 딸도 한국 땅을 밟는 것은 이 여행이 처음이었습니다. 대구에서 자동차로 한 시간 조금 안 되는 의성으로 가서, 거기서 산악지역 깊숙이 들어간 곳에 있는 할아버지의 고향 춘산면春山面을 찾아갔습니다. 마늘과 사과 명산지라고 듣던 대로 여기저기 사과밭이 보였습니다. 뒤집어 말하면 그것 말고는 아무것도 없는 시골마을이었습니다. 거기에 아내의 선조인 김문기金文起를 모신 서원이 있고, 그 옆에 직계 자손의 집인 종가가 있었습니다.

일본을 출발할 때 장인이 "이것을 읽어보라"며 자신이 일본어로 번역한 문서를 나에게 건네주었습니다. 비행기에서 읽어보니 그것은 아내의 가계 역사에 관한 내용으로 아내의 친족은 김문기의 후손이라고 쓰여 있었습니다.

"1453년 한글을 만든 세종대왕의 손자로 왕위를 계승한 단종은 숙부인 수양대군의 쿠데타로 왕위를 빼앗긴다. 세종대왕의 아들로 후에 세조라고 불린 수양대군의 왕위 계승은 부당하다며 세종 대부터 관직에 있던 6명의 충신들이 단종의 복권을 꾀했으나 실패해 능지처참 당한다. 6명의 충신은 '사육신死六臣'으로 불려 역사 이야기로 알려져 있고 드라마로도 만들어졌다. 그러나 역사 검증을 거듭해가는 가운데 충신 한 사람이 더 있다는 지적이 나왔다. 말하자면 '사칠신死七臣'이어야 하는 것인데, 그 일곱 번째가 우리의 선조 김문기이다."

김문기를 모신 서원은 산속에 외따로 있었고 그 주위에 정말 작은 마을이 조성되었는데 아내의 할아버지 생가도 그곳이었습니다. 김문기가 어명으로 죽임을 당한 후 가족과 친족은 한양에서 쫓겨나 이 산속에 숨어들어 살았다고 합니다. 본래 김문기는 '김녕金寧 김씨'입니다만 후손들은 '김해 김씨'라고 속이고 살았습니다. '국가반역죄'를 진 사람의 혈연이라는 것이 드러날까 두려웠기 때문입니다.

춘산면에 사는 먼 친척이 보여준 족보에는 아내의 할아버지 이름도 적혀 있었습니다. 이곳에서 태어나 자란 할아버지는 거기서 결혼해 세 명의 자녀를 낳았습니다(장인은 일본에서 태어난 여섯 번째 막내).

밭을 경작해가며 생계를 꾸렸습니다만, 어느 날 토지조사령에 따라 조선총독부에 논밭을 몰수당해버렸습니다. 할 수 없이 만주로 건너가 거기서 농사를 지었으나 수확기가 되자 나타난 마적에게 모든 것을 빼앗기고 구사일생으로 돌아왔습니다.

그후 어떻게든 살아갈 돈을 벌기 위해 일본으로 건너간 할아버지에게서 장인이 태어나고, 아내가 태어났습니다. 이번 여행에는 아내의 작은할아버지 자손들도 모였습니다. 할아버지의 동생은 형이 일본으로 가버린 뒤 중국으로 건너가 거기서 평생을 지냈다고 합니다. 그 자손들 중 한 사람은 상하이에서 교회의 목사가 되었고, 또 다른 사람은 조선족이 많이 사는 중국 동북지역에서 생계를 꾸리고 있습니다. 저보다 젊은 그 목사는 일본에 있는 친족을 찾기 시작해 전쟁 전 자료를 토대로 일본의 지방자치단체인 정町의 장에게 편지도 쓰고, 일본 라디오 프로그램에 사람을 찾아달라는 투고를 거듭했다고 합니다. 그후 아내가 일로 한국에 갔을 때 춘산면의 사람을 소개받았습니다. 그때 친족이 상하이에 있다는 사실을 알게 되었고, 몇 년 전 중국과 일본으로 흩어져 있던 친족이 처음 얼굴을 마주했다고 합니다. 저에게는 1400년대부터 이어지는 긴 역사와 현대사를 눈앞에서 보는 듯한 이야기였습니다.

　전후 긴 번영을 경험한 일본인은 성장일로가 아닌 사회를 알지 못합니다. 시대에 크게 농락당한 경험이 없는 것입니다. 그러나 한국에서는 역사가 바로 삶 속에 있다는 것을 알았습니다. 힘겨웠던 경험이야말로 미래를 만드는 데 중요한 동력임을 저는 후쿠이 지역을 취재하면서 알았습니다. 그렇기 때문에 저는 지금부터 다가올 저출산 고령화 시대를 한국 사람들이 어떻게 이겨낼 것인가가 매우 흥미롭습니다. 일본에는 위대한 정치인이 과거의 번영을 되돌려줄 것이라고 믿는 사람이 있습니다. 누군가가 무언가를 해주기를 기대하는 것이 아니라 어떻게 살아남을까, 그것은 일본인보다 한국 사람들이 더 잘 알고 있을지도 모릅니다.
　미래를 만들어가는 분들께 이 책이 도움이 된다면 저로서는 더 이상 기쁜 일이 없습니다. 그리고 이 책을 읽어주신 분들께 진심으로 감사하다는 말씀을 드립니다.

2016년 봄, 후지요시 마사하루

차례

20년 전의 베스트시티는
어떻게 되었을까?

과거 일본 정부가 소리 높여 외쳤지만 사람들 사이에 그다지 스며들지 않은 지표가 있다.

제대로 된 풍요로움을 찾아보자는 목적 아래 만든 '풍요지표(신국민생활지표)'이다. 부탄의 '국민총행복도'만큼 인상적이지는 않았지만, 버블 붕괴 후인 1992년부터 옛 경제기획청은 전국 대상으로 '거주한다' '일한다' '치유한다' '논다' '소비한다' '기른다' '공부한다' '교류한다'라는 8개 분야에서 총 159개 항목의 지표를 사용한 수치를 산출한 뒤 매년 도도부현(자치단체)별 행복도 순위를 매겼다.

1999년까지 7년간 지속된 순위 발표에서 8개 항목 모두 상위에 반드시 이름을 올린 곳이 있었으니, 호쿠리쿠 3개 현이었다. '살기 편함' 항목에서 일본 1위인 도야마현은 1994년에 종합순위 1위를 차지했다.

그후 5년 연속 종합 1위를 독식한 지역이 후쿠이현이었다. 그러나 6년 연속 최하위를 차지한 사이타마현의 쓰치야 요시히코 당시 지사가 항의를 하면서 1999년 이후 순위 발표는 폐지되었다.

마지막 순위 발표가 있고 13년 뒤.

2013년 1월, 나는 후쿠이현 사바에시를 찾아갔다. 눈으로 뒤덮인 이 도시는 후쿠이현에서 유일하게 인구가 늘어나는 곳이었다. 사바에 역에 내리니 '안경 명산지'라는 커다란 간판과 안경 모양을 한 기념물이 눈에 띄었다. 이곳은 일본 내 안경테의 90퍼센트 이상을 제조하는 곳으로 유명하다. 시내 '안경회관'에 갔더니 지역의 젊은 기업경영자가 "이곳은…," 하고 사바에 소개를 시작했다. 그러나 곧바로 의외의 말이 튀어나왔다.

"일본에서 가장 빨리 중국에 당한 곳입니다."

사바에의 안경 매출액이 최고치를 찍었던 때는 1991년이라고 한다. 하지만 세계적 자랑거리이던 사바에의 안경테 산업은 1990년대부터 값싼 중국제 공세가 거세지면서 어려운 상황에 놓였다. 부도나는 회사, 실직하는 사람들. 취업자 여섯 명 중 한 명이 안경 산업에 종사하는 고장으로서는 어려운 시절이 찾아온 것이다. 그것은 바로 '풍요지수'에서 후쿠이현이 전국 종합 1위를 획득했을 즈음이었다.

안경, 섬유, 칠기를 비롯해 후쿠이현이 경쟁력을 가진 제조업의 환경은 만만치 않다. 그래서 지역산업 종사자가 줄고 경제가 쇠퇴해 도시는 파탄이 나버렸을까?

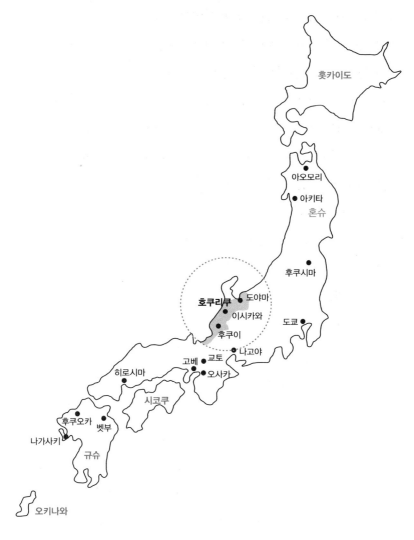

일본 지도

동해에 면한 혼슈의 3개 현, 즉 도야마와 이시카와, 후쿠이를 일컬어 호쿠리쿠 지역이라 부른다.

이토록 멋진 마을

그렇지 않다.

2011년 호세이대학교 대학원의 사카모토 고지 교수와 '행복지수연구회'가 발표한 47개 도도부현 행복도 순위에서 1위는 후쿠이현, 2위는 도야마현, 3위는 이시카와현으로, 호쿠리쿠 3개 현이 여전히 상위를 독식했다. 약 20년 전 옛 경제기획청이 순위를 매길 때와 다르지 않았다. 정부 통계 숫자를 봐도 생활보호자 수급률(2012년)이 낮은 곳 1위가 도야마, 2위 후쿠이, 이시카와는 8위였다. 노동자 세대의 실수입(2010년)을 보면 1위가 후쿠이현으로, 2위 도쿄와 제법 차이가 났다.

순위로 말하자면 후쿠이현은 초·중학교 전국학력평가에서 최근 수년간 1~2위를 다투는 것으로 유명하다. 전국학력평가는 기초학력뿐 아니라 경제협력개발기구OECD가 요구하는 사고력을 묻는 PISA(학습도달도조사) 형태의 시험이다. 학생들의 체력평가 역시 항상 1~2위이다.

도쿄대학교와 교토대학교 합격자 숫자는 각각 13위와 8위이지만 도쿄대 합격자 수 5위인 도야마현, 8위 이시카와현, 13위 후쿠이현의 학생들은 대부분 공립학교 출신이다. 이처럼 공립학교의 약진이 두드러진 덕에 호쿠리쿠 3개 현을 교육지역이라고 일컫기도 한다.

후쿠이대학교의 취업률은 전국 국립대 중 최상위다. 또 취업 후 3년 내 이직률이 7.1퍼센트에 불과하다. 전국 평균 31퍼센트에 비하면 놀랄 만큼 낮은 수치이다. 적성에 맞춰 취업을 하기 때문이다.

게다가 인구 10만 명당 사장 배출률이 전국 1위다. 데고쿠데이터

뱅크에 따르면 2014년 현재 33년간 연속 1위이다.

후쿠이가 전국 상위에 오른 다른 분야를 열거해보면 고교생 취업 내정률 2위, 맞벌이 비율 1위, 서점 숫자(인구 10만 명당) 1위, 도서관 숫자(인구 100만 명당) 6위, 자가自家 소유율 3위, 보육원 수용 정원 비율 1위, 정사원 비율 1위이다. 그 밖에도 낮은 완전실업률, 높은 장애인 비율로도 후쿠이현은 상위 3위에 들어간다. 여성 취업률과 보육원 수용률이 높은 것도 후쿠이현의 특징이다.

지역산업이 곤경에 처했으면서도 이런 숫자가 나오는 비결은 무엇일까.

2014년 마스다 히로야 전 총무장관이 주도한 '소멸 가능 도시' 연구보고서가 발표되면서, 급격한 인구 동태 변화와 초고령화 사회가 가져올 '2025년 문제'가 주목받고 있다.

마스다 보고서는 인구의 재생산력, 곧 아이를 낳을 능력이 있는 20~29세 여성 인구에 주안점을 두고 2010~2040년까지 30년 동안 그 숫자가 50퍼센트 이하로 감소할 지자체를 '소멸 가능 도시'로 정의했다. 추산 결과, 전체의 49.8퍼센트에 해당하는 896개 지자체가 소멸 가능성이 있는 도시였고, 그 중에는 도쿄도 도시마구도 포함되었다.

충격적인 마스다 보고서에서 두 가지 눈여겨볼 대목이 있다.

첫 번째, 마스다 보고서의 '소멸 가능 도시'에 도쿄 23개 구 중 하나가 포함되면서 위기감이 새삼 높아졌다는 점이다. 두 번째, 인구의 도쿄 유입 현상이 계속된다는 전제 하에 연구가 이루어졌다는 점이다.

보고서가 발표된 이후 인구 감소, 저출산과 초고령화, 재정난이 마치 하늘에서 뚝 떨어진 국가 최대 과제인 양 입에 오르내리지만, 사실 지방에서는 오래 전부터 직면한 현실이었다. 그리고 중요한 것은 지방자치단체에 젊은 여성을 붙잡아둘 힘이 있다면 이런 추산 결과는 바뀌게 될 것이다.

여기서 '시각'을 바꿔보면 어떨까.

위기를 먼저 느낀 지역에 한 발 앞선 사회적 힌트가 있지는 않을까. 그러니까 지방은 '이미 끝났다'가 아니라 '먼저 시작했다'고 생각하는 것이다. 지방이야말로 2025년의 미래를 알 수 있는 기회가 넘쳐나고 있다. 도쿄보다 먼저 밑바닥을 경험한 사람들은 어떤 방법으로 지금까지와 다른 사회를 만들어내려 노력하는 걸까.

예를 들어, 최악의 사태를 경험한 대표적인 곳으로 동일본 대지진 피해지역을 들 수 있다. 센다이시에서 "도호쿠를 일본의 뉴올리언스로 만들자"는 젊은이들을 만났다. 뉴올리언스는 허리케인 카트리나 피해로 쑥대밭이 되었던 도시다. 그후 이 도시는 백인 주민 비율이 높아지고 있다. 이주해온 백인들 중 많은 수가 명문대에서 MBA를 딴 젊은 엘리트들이다. 그들이 사회적 기업가로서 이 도시를 부흥시키기 위해 공헌하고 있는 것이다.

그러나 의지를 가지고 모처럼 창업을 해도 좀체 사업을 확대할 수 없는 탓에 간신히 싹만 틔운 상태이다. 도호쿠에서 뉴올리언스를 뛰어넘는 도시를 만들겠다고 나선 센다이의 젊은이들은 일반사단법인 'MAKOTO'라는 조직을 만들어 대학, 싱크탱크, 대기업, 금융기관과 제휴하는 시스템을 구축해 지역 활성화에 도전하고 있다. 지진 피해로 많은 것을 잃은 이곳에서 지진이 일어나기 전 셔터 내린 상가가 즐비하던 황량한 모습으로 돌아가는 것이 아니라, 지금까지와는 전혀 다른 사회를 자신들의 손으로 만들어내려는 것이다. 그것은 숫자로도 나타나고 있다. 센다이시는 일본에서 창업률 증가 속도가 가장 빠르다. 일자리를 만들어서 지역 전체를 부양하려는 것이다.

물론 자연재해만이 계기로 작용하는 것은 아니다. 현역 세대가 줄어 일도 인구도 사라지는 상황 앞에서 발 빠르게 위기의식을 공유한 지역이 있다.

후쿠이에서 취재하는 동안 "재미난 곳이네요."라고 몇 번 이야기했을 때 이런 대답이 진지하게 돌아오곤 했다.

"모두 다 망했으니까요."

뭐라고? 한 대 맞은 기분이 들었지만, 핵심은 위기의 공유였다.

역경은 몇 번이고 닥치지만 아메바처럼 상황에 적응해낸다. 지역의 자기 변혁 능력인 것이다. 이런 힘을 만들어내는 시스템은 무엇일까. 거기에 지역 재생의 진정한 힌트가 있을 것이다.

미래 적응 모델을 찾아나서는 이 책은 크게 네 개의 장으로 구성했다.

이토록 멋진 마을

먼저 과거. 인구 동태의 지평이 바뀌어 어두운 미래를 예측하는 각종 시뮬레이션이 발표되는 현재에 이르기까지 우리는 어떤 길을 걸어왔는가. 과거에서 변혁의 핵심을 찾아내는 작업이 가능할 것이다.

다음으로 현재. 과거와 단절해 지속적으로 도전하는 지역이 있다. 그들은 어떻게 변혁의 길을 찾아낸 것일까. 성공사례를 통해 여러 힌트를 소개한다.

세 번째 미래. 늘 새로운 일자리를 만들어내는 후쿠이를 모델로 일본이 지향해야 할 미래를 그려본다.

그리고 마지막 장에서는 후쿠이 모델을 가능하게 하는 구조를 설명하겠다.

제1장

과거_미래는 과거 안에 있다

노인을 위한
나라는 없다

1988년 여름 영국을 발칵 뒤집어놓은 사건이 일어났다. 해외에는 거의 보도되지 않았지만 런던의 한 아파트에서 할아버지 사체가 발견된 것이다.

숨진 노인이 어디서 태어나 어떤 직업을 가졌고 전후시대를 어떻게 살아왔는지, 대다수 영국인은 아무것도 몰랐다. 그럼에도 불구하고 이름도 없는 한 노인의 죽음이 사회에 충격을 던진 것은, 발견됐을 당시 죽은 지 3년이 지난 상태였기 때문이다. 노인의 고독사는 지금 일본에서 뉴스조차 되지 않지만 '요람에서 무덤까지' 사회보장을 자랑하던 당시 영국인에게는 믿기 어려운 사건이었다. 그때 영국 사회는 '고령자의 고립'이라는 심각한 현실에 직면해 있었던 것이다.

그후 24년이 지난 2013년 1월.

일본에서 런던으로 무언가를 조사하러 간 사람들이 있었다. 일반

재단법인 '국제장수센터'(이하 ILC) 팀이었다. 이 단체는 노년의학에 세계적인 권위를 가진 고 로버트 버틀러 박사가 제창해 설립되었다. 일본을 비롯해 세계 각국에 사무국을 두고 있는 조직이다. 각국 의학계 중진이 대표를 맡을 만큼 영향력을 지닌 이 조직은 고령화 사회의 정책 제언이나 조사활동을 벌이고 있다.

그 조사결과는 뒤에서 설명하겠다. 그런데 영국보다 다소 늦게 고령화 문제에 직면한 일본 정부는 지난 24년 동안 지금의 사태를 예측하지 못한 채 수수방관하고 있었던 걸까.

그렇지 않다. 런던에서 고독사 사건이 일어났을 당시 일본 정부도 저출산과 고령화를 당연히 예측했다. 옛 후생성 연금국은 곧 닥쳐올 미래에 대한 위기감 아래 연금 계산에 필요한 인구 동태 시뮬레이션까지 진행했다.

그런데 왜 이 문제에 대한 사회의 의식을 바꾸지 못한 것일까.

저출산 대책을
가로막은 A급 전범들

가스미가세키霞が關(일본 도쿄도 지요다구에 위치한 관청가—편집자) 관료조직의 정점에 서 있는 사람은 총리의 측근인 내각 관방 부장관이다. 후루카와 데이지로 전 관방 부장관은 무라야마 도미이치 내각에서 고이즈미 준이치로 내각까지 5명의 총리를 보필한, 재임기간 역대 최장 관방 부장관으로 알려져 있다. 그러나 관료로서 그의 경력은 이색적이다. 중앙부처 관료들은 도쿄대학교 법학부를 나온 고시 출신이 다수인데 반해 후루카와는 규슈대를 졸업한 뒤 나가사키 현청에 취직했다. "복지행정이 너무 하고 싶었다"는 후루카와는 1959년 가을, 이세만伊勢灣 태풍으로 교통이 마비됐을 때 특급열차로 36시간 걸려 후생성 면접시험을 보러 갔으나 결과는 불합격이었다. 하지만 포기하지 않고 후생성 인사과로 찾아가 담판을 지었다. 지금이야 생각할 수도 없는 일이지만 그 열정을 인정받아 후생성에 들어가게 되었다. 후루카와가 복지행정에 큰 관심을 가진 것은 농가였던 사가佐賀의

부모가 고령이었기 때문이다. 한평생 열심히 일한 사람의 노후 행복을 국가가 어떻게 책임질 것인가. 그것은 당시 일본의 과제였다.

후생성에 들어온 지 29년째 되던 1989년 6월, 후루카와는 아동가정국장에 취임했다. 앞서 말한 런던 노인 고독사 사건이 있은 지 일년 뒤였고, 시대가 쇼와昭和에서 헤이세이平成로 바뀐 해였다. 당시 후루카와 국장실에 들락날락하면서 "정부가 저출산 문제 해결에 나서야 한다"는 주장을 지속적으로 하는 기자가 있었다. 〈산케이신문〉의 이와부치 가쓰요시 기자(현 도호쿠복지대 교수)였다. 그 무렵 일본의 합계특수출생률(여성 한 사람이 일생 낳는 아이의 평균)은 급속하게 떨어지고 있었지만 저출산 문제를 다루는 기자는 거의 없었다.

이와부치의 주장은 이랬다.

"일본은 육아지원 정책이 없는 탓에 육아를 큰 부담으로 여긴다. 저출산 문제를 그냥 방치할 경우 사회보장을 유지할 수 없게 되며, 산업경쟁력 저하와 노동력 부족을 불러올 우려가 있다."

모두 현재 일어나는 문제들이다. 급속한 저출산이 사회 근간을 흔들 수 있다는 이와부치 기자의 이야기에 후루카와는 동감했다. '여성이 아이를 낳고 싶게 하는 환경을 만들어서 나쁠 이유가 없다'고 생각했던 후루카와는 이와부치에게 약속했다. "후회 없도록 힘닿는 대로 애써보겠습니다."

이와부치는 맞장구를 치면서 "만약 해야 할 일을 하지 않거나 방해하는 놈이 있다면 A급 전범으로 여기고 추적해 밝히겠습니다."라고 의욕을 보였다.

후루카와는 그즈음 총리에 취임한 가이후 도시키의 국회연설에 육아환경 조성이 중요하다는 내용을 담으려고 했다. 그러나 후루카와에게 가장 먼저 충고를 한 것은 후생성의 여성 간부들이었다. '출산 관련 이야기는 다루지 않는 게 좋겠다'는 취지였다.

후루카와의 이야기를 들어보자.

"당시는 부부 간 문제에 국가가 개입해도 좋은 것이냐라는 논리로 출산 문제 거론을 금기시했습니다. 전쟁 시기 인구정책이었던 '낳아라 늘려라'에 대한 반발이었지요. 이런 의식을 바꿀 필요가 있다고 생각했습니다만, 여성해방운동가인 가토 시즈에 씨에게서도 '국장님, 당신이 신경쓰지 않아도 인구란 건 기복이 있는 것이니 걱정 마세요.'라는 말을 들었습니다."

총리 참사관으로 총리 관저에서 일하기도 했던 후루카와는 1989년 10월 가이후 총리의 소신 표명 연설에서 이 문제를 거론하도록 참사관실에 부탁을 했다. "단 한 줄이라도 좋으니 꼭 좀 넣어줘." 이렇게 해서 10월 2일 중의원 연단에 선 가이후 총리는 발언 도중 다음과 같이 선언했다.

"미래의 고령화 사회를 짊어질 어린이가 건강하게 태어나 성장할 수 있는 환경을 조성하기 위해 노력하겠습니다."

지금이야 하등 놀라울 게 없는 당연한 선언이지만 전후시대 총리가 출산에 대해 처음으로 언급한 획기적 연설이었다.

다음날 아침 〈산케이신문〉은 1면 톱으로 가이후의 발언을 다루었다. 눈에 띄는 지면 제목은 '1.57 쇼크,' 이 낮은 출생률은 '충격이다'라고 쓴 것이다. 그러나 육아환경을 언급한 언론인은 이와부치 말고는 한 명도 없었다. 당시 가이후 총리의 소신 표명 연설에서 언론이 주목한 것은 '소비세율'과 '정치의 신뢰 회복'이었다. 사반세기가 지난 현재에도 변함 없는 주제다. 사반세기 동안 같은 논의를 국회에서 하고 또 한 셈이다(당시 신문 축쇄판을 넘겨보면 아무것도 변하지 않은 것에 참으로 놀라게 된다).

출산에 대한 의식이 변하지 않을 뿐더러 관심조차 끌지 못한 데에는 이유가 있었다. 이와부치는 이렇게 회고했다.

"후루카와 씨 전임인 나가오 리쓰코(훗날 법무장관이 된다) 국장에게도 나는 저출산 문제에 대해 관심을 가지라고 한 적이 있었습니다. 당시 나가오 씨는 정색을 하더니 '이와부치 씨! 그런 말 하면 뭇매 맞아요!' 하더군요. 게다가 사회보장을 세금 낭비인 것처럼 쓰는 신문도 있었습니다."

진보적인 사람들은 저출산 대책을 전쟁 전으로 되돌아가려는 시도라고 보았다.

한편 당시 대장성을 중심으로 한 정부에서 생각하던 논리는 이런 것이었다. 선진국이 되면 사회보장제도가 정비되어 자녀에게 노후를 의탁할 필요가 없어진다. 따라서 육아지원 정책을 시행하는 것은 세

이토록 멋진 마을

금 낭비다. 사회보장제도가 발달하면서 '어린이=노동력'이라고 생각하던 시대는 끝났다고 본 것이다.

육아정책을 금기시한 것은 언론이나 옛 대장성만이 아니었다. 이와부치의 이야기를 더 들어보자.

"노동력 부족으로 위기감을 느낀 닛케이렌日經連(일본경영자단체연맹)을 빼고, 게이단렌經團連(일본경제단체연합회) 등 경제계는 그후에도 전혀 관심을 보이지 않았습니다. 정치인도 마찬가지였습니다. 예전에 하시모토 류타로 씨가 대장성 장관이었을 때 여성의 사회 진출과 출생률의 관계를 '더 연구해주면 좋겠다'고 말하자 외국인 여기자들이 '출산을 사회 진출의 족쇄로 삼으려는 건가'라며 거세게 반발한 적이 있습니다. 그것이 트라우마가 됐는지 하시모토 씨는 총리가 된 뒤에도 저출산에 대해서는 언급조차 하지 않았습니다. 정치인이 출산에 대해 서툴게 말할 경우 자칫 실언이 될 우려가 있습니다. 그래서 누구도 말을 꺼내려 하지 않았고, 그러다 보니 저출산을 깊이 이해할 기회조차 없었던 셈입니다."

출산을 다루기 곤란한 주제라며 피하는 분위기 속에서 후루카와는 '14성청省廳 연락회의'에서 '저출산·육아 회의'를 열었다. 그러나 불과 몇 차례 회의를 했을 뿐 제대로 일을 진행했다고 하기는 어려웠다. 그러다가 후루카와는 일년 만에 인사이동을 했다.

그는 "일본에 하나밖에 없는 아동가정국장이라는 자리를 맡은 이상 죽을 각오로 일해야 했습니다. 그 일년 사이에 행정청으로서 결과를 내놓지 못한 것을 지금도 반성하고 있습니다."라고 회고했다.

저출산 문제에 의욕을 보이던 또 한 사람인 이와부치 기자는 신문 지면에 이 문제를 연재했다. 그 당시 정치인으로서는 드물게 저출산 문제를 심각하게 받아들이며 이와부치와 이야기를 나눈 이가 사회당 의원이었던 무라야마 도미이치였다. 총리가 되기 훨씬 전의 일이다. 당시 무라야마의 말을 인용하면 이렇다.

"나는 결혼식 주례에서 '앞으로는 두 명 이상 낳지 않으면 행복해 질 수 없다'고 늘 말합니다. 또 어린이는 사회의 기반이므로 나라가 책임지고 아이 낳기 쉬운 조건을 만들지 않으면 안 된다고요."

자민당보다 사회당 쪽에서 저출산에 위기감을 느낀 것은 연금제 도를 염두에 두고 있었기 때문이다. 그러나 후생성 내에서도 "인구는 사회 분위기에 따라 달라지므로 언젠가는 저출산 흐름이 반전할 것" 이라고 말하는 사람이 많았고, 게다가 아동가정국은 후생성의 주류 도 아니었다. 그즈음 후생성이 주력했던 정책은 '골드 브라운(고령자 보건복지 추진 10개년 전략)'이었다. 세간의 관심은 눈앞에 자리보전하 고 누운 노인에게 쏠려 있었고 고령화야말로 심각한 과제였다.

1994년 호소카와 모리히로 정권이 출범하자 비자민 연립정권 하에 서 민사당의 오우치 게이고가 후생성 장관에 취임했다. 오우치는 장 관실에 모인 관료들에게 "우선 저출산 대책으로 '엔젤 플랜 서곡'을 실시한다"고 말했다. 골드 브라운의 대척점에 선 아기들을 '엔젤'이라고 표현한 것이다. 이 방안을 들은 관료들은 당황스럽다는 어조로 "엔젤이라고 하면 모리나가 엔젤 초코가 먼저 떠오르고, 모리나가 비소우유 중독사건이 연상된다. 후생성이 그런 이름의 정책을 펴도 좋은 건가."라며 수군댔다고 한다.

그러나 이제 막 장관 자리에 앉은 오우치는 첫 저출산 대책인 '엔젤 플랜'을 확실하게 밀어붙일 심산이었다. 육아를 직장이나 지역을 포함한 사회 전체가 지원하자는 차원에서 보육소와 보육서비스 확대, 육아휴업제가 도입되었다. 하지만 고령자 대책에 비해 예산은 쥐꼬리만큼이었고 이 문제에 대한 정부의 의지가 과연 얼마나 되는지 의심스러울 정도였다. 그들이 진정 육아를 미래에 대한 투자라고 생각하는 것인지, 행여 이 대책으로 일부 정열적인 활동가들을 다독이는 알리바이를 만드는 건 아닌지 의구심만 커졌다. 어쨌든 예산이 집중 배정되지 않으면 저출산을 막을 도리는 없었으니까.

이도저도 아닌 정책이 계속됐다. 역대 저출산 담당 장관의 면면을 봐도 이 대책에 정부의 진심이 담겨 있지 않았다는 사실이 드러난다. 다른 일을 겸하는 장관이 대부분이었으며, 당내 실력자로 불리는 거물 정치인이 취임하는 일은 애초부터 없었다.

이와부치는 "정치인이 후생 행정을 멀리 하는 이유는 세 가지"라고 정리했다.

먼저 저출산 정책 등은 총리 재임 중에 결과를 낼 수 있는 사업이 아니라는 것. 다음으로 사회보장제도는 복잡하고 알기도 어렵기 때문에 자칫 말을 잘못해 발목 잡혀 넘어질 위험이 있다는 것이다. 저출산 문제라고 해도 '여성은 아이를 낳는 기계'라는 뉘앙스로 여론을 거스를 우려가 있기 때문에 아예 외면하는 게 상책이라는 계산이다. 마지막으로 자민당 자조사상의 배경에는 정부의 보살핌을 받는 건 좋지 않다는 생각이 깔려 있었다.

가이후 총리의 소신 표명 연설에 얽힌 사정에서도 알 수 있듯이 저출산 대책을 추진할 동력은 어디를 둘러봐도 없었을 뿐 아니라, 주변 환경 자체가 사면초가 상태였다. 예산을 쥐고 있는 옛 대장성, 경제계, 여성인권계, 언론, 정치계 등 모든 분야에 이 정책을 가로막는 세력이 존재했다.

저출산 문제는 불 속의 밤 같아서 누구도 자기를 희생해 그것을 주울 용기를 내지 못했다. 말하자면 저출산의 A급 전범은 모두 다였던 셈이다.

이토록 멋진 마을

2025년의
디스토피아적 풍경

위기의식을 마침내 수면 위로 드러낸 쪽은 국토교통성이었다. 이 부처에서 깜깜한 일본의 미래상을 충격적으로 제시한 것이다.

국토교통성이 '장기전망위원회'라는 이름으로 25명의 전문가를 소집한 것은 동일본 대지진이 일어나기 반 년 전인 2010년 9월이었다. 이름 그대로 일본인의 생활과 환경이 미래에 어떻게 변할지를 논의하는 정책모임이었다. 그해 12월, 세 번째 회의가 열린 국토교통성 특별회의실에서는 위원들 사이에 복잡한 의견이 오갔다. 그들이 손에 들고 있는 것은 그래프로 정리된 66쪽짜리 자료집이었다. 장기전망위원회 위원 중 한 명이 "경악할 만한 결과입니다."라고 말한 직후 놀라움은 당혹감으로 바뀌고, 분위기는 이내 어두워졌다.

"사회에 너무 큰 충격을 주지 않겠는가."

"사람들에게 좌절감만 줄 뿐, 미래를 바꿀 청사진이 없다."

이 자료는 국토교통성의 옛 국토계획국이 작성한 〈국토의 장기 전망을 위한 검토 방향성에 대하여〉라는 미래 예측도였다. 인구 감소, 고령화, 기후 변동, 세계경제의 동향을 바탕으로 2050년까지 일본인의 생활이 어떻게 바뀌어갈 것인지를 무려 55개 항목에 걸쳐 데이터로 만든 결과물이었다. 회의 중에 "너무 암울한 결과이니 사람들이 좀 더 긍정적으로 생각할 수 있는 자료로 만드는 쪽이 낫지 않습니까?"라는 의견이 나올 정도로 비관적인 예측이 줄을 이었다.

물론 이것은 주관적으로 미래를 어둡게 전망한 자료가 아니었다. 일본 학계가 지혜를 모아 도출해낸 데이터로, 당시 저출산 문제의 해법을 찾기 위해 몰두하던 여성 의원들 사이에서 '국토교통성의 히트작'으로까지 불린 연구결과였다. 나아가 이 문제를 애써 외면해온 국가, 언론, 사회에 경종을 울리고, 국민에게도 널리 알려야 할 자료라는 평가를 받았다. 〈국토의 장기 전망을 위한 검토 방향성에 대하여〉가 충격적이었던 것은 우선 서두에 제시된 '우리나라 인구는 장기적으로는 급감하는 국면에'라는 그래프였다(그림 1). 미래 예측으로 가장 확실한 인구 변화를 제시한 것이다.

시간이 지나면서 국민 사이에 널리 퍼진 인구예측보고서이다. 특히 기원후 800년부터 2100년까지를 그래프화한 이 그림은 인구 감소가 얼마나 충격적인 전대미문의 영역으로 들어가는가를 시각적으로 보여주는 데 성공했다. 간단히 비유하자면 완만했던 심전도의 파동이 죽기 전에 갑자기 훌쩍 뛰어올랐다가 순식간에 잠잠해지는 것 같은 그림이다. 가마쿠라 막부부터 메이지유신까지 676년간 일본의 인

그림 1 인구 예측

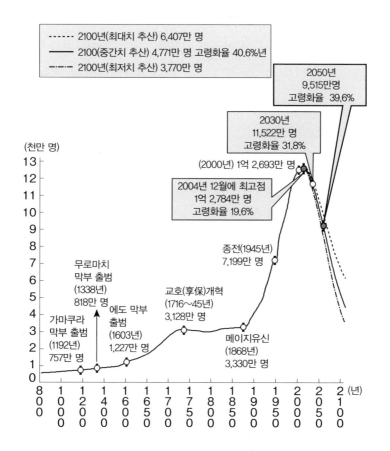

- - - - - 2100년(최대치 추산) 6,407만 명
───── 2100(중간치 추산) 4,771만 명 고령화율 40.6%년
- - ‐ - 2100년(최저치 추산) 3,770만 명

2050년
9,515만명
고령화율 39.6%

2030년
11,522만 명
고령화율 31.8%

(2000년) 1억 2,693만 명

2004년 12월에 최고점
1억 2,784만 명
고령화율 19.6%

(천만 명)

종전(1945년)
7,199만 명

무로마치
막부 출범
(1338년)
818만 명

교호(享保)개혁
(1716~45년)
3,128만 명

에도 막부
출범
(1603년)
1,227만 명

가마쿠라
막부 출범
(1192년)
757만 명

메이지유신
(1868년)
3,330만 명

(년)

(일본 국토교통성 국토계획국 작성)

구는 4배로 늘어 약 3,300만 명이 되었다. 거의 수평에 가까운 완만한 선이다.

그러나 메이지 유신부터 인구가 정점에 이르는 2004년까지 단 136년 사이 일본 인구는 3.6배인 1억 2,780만 명으로 급격하게 늘었다. 그래프의 선이 가파르게 뛰어오른 것이다. 19~20세기 사이 인구의 폭발적 증가는 세계적인 경향이기 때문에 여기에서 따로 언급할 필요는 없다. 다만 2004년 이후 2100년으로 향하면서 일본의 인구는 메이지유신 때와 거의 다르지 않은 3,770만 명으로 급감한다. 가속이 가속을 불러 급격하게 쿵 하고 바닥으로 떨어지는 형국이다.

상황이 급변한 것은 2005년부터다. 출생자 수와 사망자 수가 역전돼 그해 이후 세상에 태어나는 사람이 죽는 사람보다 줄어들고 있다.

'천년 단위로 봐도 유사한 사례를 찾지 못할 지극히 급격한 변화'라고 국토교통성은 결론내리고 있지만 인구 급감보다 심각한 건 메이지시대와 달리 인구 고령화율이 40퍼센트를 넘는다는 사실이다. 도쿄올림픽 후인 2025년에는 단카이 세대(일본에서 2차 대전 이후인 1947~1949년 사이 베이비붐으로 태어난 세대—편집자) 모두가 후기고령자로 접어들기 때문에 전국 평균인구 중 30퍼센트가 고령자가 된다는 예측이 나온다. 이것이 소위 '2025년 문제'이다.

세상이 고령자 천지가 되는 게 무엇을 의미하는지 생각해보자. 우선 국민의 80퍼센트 이상이 병원에서 숨지는 상황이란 걸 감안하면, 폭증하는 고령자를 수용할 병원이나 간병시설이 태부족해진다. 죽을

이토록 멋진 마을

장소도 없는 고령자를 말하는 '죽는 곳 난민'이 벌써 문제가 되고 있다. 그밖에도 연금, 간병, 정년 연장 등 정부뿐 아니라 기업에도 골치 아픈 과제가 밀려든다.

국토교통성은 '도시고용권'이라는 개념을 사용해 이 주제로 지역별 추산을 했다. 도시고용권이란 지자체와는 달리 중심 도시와 그 통근 범위가 되는 지역을 말한다. 국토교통성은 '지역의 모습을 정량적으로 추산했다'고 하지만 이 또한 눈앞에 자욱한 암운을 드리운다.

2005년을 기점으로 2050년 도심의 인구를 보자. 인구가 절반 이상 줄어드는 중심 도시가 20퍼센트, 25~50퍼센트 감소하는 중심 도시는 59퍼센트나 된다. 도쿄권과 나고야권에 인구가 집중하는 반면 지방은 쇠퇴한다. 인구 이동은 산업입지 구조를 바꿔 신선식료품 사기가 어려운 '구매품 난민'이 늘어난다. 소규모 지자체에서는 학원, 병원, 간병시설 등의 서비스를 감당해내지 못하게 된다.

무엇보다 분위기를 어둡게 하는 건 국토교통성이 '지역부조 저하'라고 지적한 대목이다. 한신·아와지 대지진 때 경찰, 소방, 자위대에 의해 구출된 사람은 전체의 23퍼센트에 불과했다. 나머지 77퍼센트는 인근 주민의 도움으로 구조된 것이다. 이런 맥락에서 "고령자 세대 비율 증가로 인해 지역 방재능력 저하가 우려된다"고 국토교통성은 말한다. 전문가들에 따르면 향후 30년 내에 난카이 해구 대지진이 일어날 확률은 70퍼센트에 이른다. 하지만 고령자 세대수 증가는 이런 재해 현장에서 상호부조 능력을 떨어뜨리고 행정 의존도를 높인다. 고령화에 따라 지자체 자체가 약해지는 현실까지 감안하면 주민의 생사에 직결된 문제가 된다.

피난 시간에도 영향을 미친다. 호우나 지진 등 자연재해가 발생했을 경우, 젊은 사람과 함께 사는 고령자는 피난에 한 시간 반이 걸린다. 반면 고령자만 사는 세대는 2시간 반이 소요된다. 이 한 시간의 차이가 생사를 가를 수 있다. 죽음을 피할 수 있는 사람들까지 죽게 되는 셈이다. 이것이 지역부조 능력의 저하이자 2025년 문제의 핵심일 것이다. 장기전망위원 한 명은 회의에서 이렇게 말했다.

"장기 전망을 할 수 있다고 생각하는 것 자체가 낙관적이다. 인도네시아 연구자들에게 '50년 후의 전망은?' 하고 물었더니 '온난화에 따른 해수면 상승으로 살던 곳이 물에 잠기기 때문에 생각해봐야 방법이 없다'고 말하더라."

거기까지 이르면 달리 방법이 없는 이야기가 된다. 〈국토의 장기 전망을 위한 검토 방향성에 대하여〉라는 제목을 달고 나왔던 이 미래 예측도는 국토교통성 공무원에 따르면 "현장에서 정책 수립을 위한 초안으로 쓰인다"고 말하지만, 자료 자체가 묻혀서 볼 수 없게 되었다. 어느 관료는 다소 곤혹스런 어조로 "민주당 정권 때 만든 거라서"라고 털어놓았다. 자민당이 정권을 잡았기 때문에 민주당 시절의 정책은 내놓기 어려워진 것 같다. 그렇다고 해서 현실이 정치 사정을 감안해 저절로 좋아질 리는 만무하다.

어두운 미래 예측의 결정판은 '소멸 가능 도시'일 것이다. 마스다 히로야 전 총무장관이 좌장을 맡은 민간조직 '일본창성회의 · 인구감소문제검토 분과회'가 2014년에 발표한 내용이다. 이 자료는 '소멸'이라는 자극적인 단어 때문에 드디어 국민에게 위기의식을 심어주는 데 성공했다. 간단히 말해 소멸 가능 도시란, 20~30대 여성이 2010년부터 2040년에 걸쳐 반감하는 지자체를 말한다. 2040년에 인구가 1만 명 이하로 줄어드는 지자체도 '소멸할 가능성이 지극히 높다'고 평가되자, 거명된 지자체에서는 큰 소동이 났다. 소멸 도시는 전국 지자체의 약 절반에 이른다.

출산 가능한 젊은 여성이 거리에서 사라진다. 그것이 가져올 저출산과 고령화의 가속. 그 가속이 낳는 여러 가지 어두운 현상들. 이것이 미래 예측의 기본 형태다. 하지만 여기에는 설명이 붙는다.

장기전망위원회의 세 번째 회의에서 비관적인 데이터를 마주한 위원들의 다수는 이렇게 지적했다.

"아무것도 하지 않으면 이렇게 되어버린다는 경종이다."

인구가 급감한다는 사실은 변하지 않는다. 지금처럼 아무것도 하지 않는다면 예측대로 어두운 사태가 잇따라 일어날 것이다. 다만 사회의 모습을 바꿀 경우 비관도 없어진다는 얘기다.

너무 늦지는
않았기를…,

그렇다면 사반세기 전 노인의 고독사에 충격을 받았던 영국은 어떤 노력을 해서 무엇을 바꾸었을까. 당시 대처 정권은 복지 예산을 과감하게 삭감해 재정난으로 어려움을 겪는 현재의 일본과 비슷한 상황이었다. 예산이 없는 상황에서 어떻게 변혁을 이끌어낼까?

런던 상원의원부터 자원봉사자까지 폭넓게 의견을 듣고온 국제장수센터(ILC)의 선임조사원 오가미 신이치는 이렇게 말한다.

"당시 노인이 사회에서 고립되는 것을 막기 위해 활용한 것은 60대 이후 활력 넘치는 퇴직자를 중심으로 한 '액티브 시니어'들의 자원봉사활동이었습니다. 영국에서는 젊은이가 대학에 입학할 때까지 일년간을 '갭이어gap year'라는 유예기간으로 두어 사회 견문을 넓히는 관습이 있습니다. 이 갭이어 체험의 일환으로 젊은이들에게 자원봉사활동을 주선하던 기관이 고령자를 이용한 자원봉사 조직까지 만든 것이죠. 각 지역민들이 지역공동체에서 구축한 자원봉사 조직을 전국

규모에서 네트워크화해 자금을 조달하고 있습니다. 또 훈련받은 자원봉사 조직원이 자원봉사자들을 묶어나가고 있습니다. 선술집이나 교회, 상점, 공원처럼 고령자가 모이는 장소로 가서 자원봉사 조직원을 찾는 겁니다."

노인의 고독사 문제가 처음 불거진 1988년 당시 영국에서는 노인의 자원봉사활동이 전무하다시피 했다. 그 사건 이후 정년퇴직을 한 60대가 고령자를 지원하는 이 구조는 영국 사회를 바꾸었고, 유럽 전역으로 확대되었다.

가령 네덜란드에서는 지자체가 자원봉사자를 조직 · 육성하는 사회보장의 포괄적인 이념을 '사회서비스법'으로 법률화했다. 먼저 지역사회가 고령자를 지원한다. 그리고 자원봉사 단체가 지자체로부터 주민 명단을 엄중한 관리 아래 넘겨받아 자원봉사 전화부대가 매일 상태를 묻는 전화를 건다. 물론 전화를 해도 좋다고 허락한 고령자에 한정되지만, 이 서비스는 종종 쇼핑 등으로 확장되기도 한다.

영국식 구조의 특징은 자원봉사자들이 열심히 일하지 않는다는 점이다. 너무 열심히 하면 힘이 들어 활동을 오래 지속할 수 없다. 그래서 한 주에 한 번 혹은 빈 시간을 활용해 활력 있는 퇴직자들이 자원봉사활동에 나서기로 한 것이다. 오가미가 이어서 말했다.

"독거노인의 집에 전화를 걸어 몸 상태를 묻는다든지, 은퇴한 소방대원이 현역 시절의 기술을 살려 데이케어 서비스 버스를 운전한다든지, 기타나 정원관리가 특기인 사람은 방에 틀어박히기 쉬운 고령자를 불러내 서클활동을 한다든지 하는 식입니다."

액티브 시니어 중에는 "아무런 특기가 없는데."라고 말하는 사람도 있지만 단체에서는 '무엇이든 활용할 수 있는' 것을 그들에게 가르쳤다. 가령 노래를 좋아하는 사람이라면 노래 서클에 나가 노래를 불러주는 식으로, 느슨한 사회 참가가 진행되었다.

런던에서 자원봉사자가 적극적으로 확대된 배경에는 100개의 언어가 있다고 일컬어지는 이 도시의 코스모폴리탄화 현실이 있다. 영어를 하지 못하는 이민자들은 나이가 들면 집 안에 틀어박혀 소외감과 고립감에 빠지기 쉽다. 그 점을 우려한 동포들이 사회 참가를 독려해 서클활동으로 이끈 것이다. 동료의식 및 '곧 내게도 닥칠 일'이라는 위기감이 하나의 사회모델을 만들어냈다고 말할 수 있다.

그러나 오가미가 생각하기에 일본의 간병이나 복지 자원봉사 조직이 유럽에 비해 뒤떨어진 것은 아니었다. 오히려 일본은 간병 기술에서는 최첨단이었으니까.

그러면 일본에 부족한 것은 무엇일까.

오가미는 나에게 한 장의 종이를 보여주었다. 그것은 '배가연수倍加年數'의 국가별 일람이었다(그림 2). 65세 이상 고령자가 전체 인구에서 차지하는 '고령화율'이 7퍼센트에서 그 2배인 14퍼센트에 도달하는 해수가 '배가연수'이다. 즉, 고령화 속도를 나타내는 숫자다.

일본의 고령화율이 7퍼센트에 도달한 것은 1970년이었다. 그리고

　　　　　　　　　　　　　　　이토록 멋진 마을

그림2 배가연수

65세 이상 인구비율(도달 연도)			2배 증가에 걸리는 햇수(연간)	65세 이상 인구 비율(도달 연도)			2배 증가에 걸리는 햇수(연간)
국가	7%	14%	7%→14%	국가	7%	14%	7%→14%
한국	1999	2017	18	스위스	1931	1986	55
싱가포르	1999	2019	20	이탈리아	1927	1988	61
일본	1970	1994	24	캐나다	1945	2010	65
중국	2000	2025	25	네덜란드	1940	2005	65
핀란드	1958	1994	36	미국	1942	2014	72
독일	1932	1972	40	호주	1939	2013	74
영국	1929	1975	46	스웨덴	1887	1972	85
러시아	1968	2017	49	노르웨이	1885	1977	92
벨기에	1925	1976	51	프랑스	1864	1990	126
덴마크	1925	1978	53				

배증 햇수가 짧은 나라부터 긴 나라순. (국립사회보장인구연구소 작성 자료 중 일부).

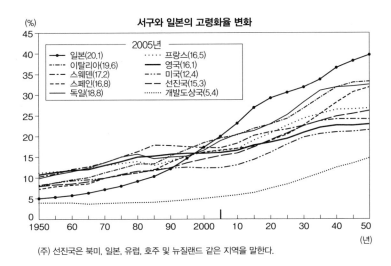

(주) 선진국은 북미, 일본, 유럽, 호주 및 뉴질랜드 같은 지역을 말한다.

그 2배가 된 것은 1994년이다. 24년의 속도이다. 반면 유럽과 미국이 고령화율 7퍼센트에 돌입한 것은 제2차 세계대전 전이었다. 특히 프랑스는 일본의 에도시대에 이미 고령화 사회에 진입했다. 유럽 대다수 사람에게는 태어날 때부터 이미 고령화 사회였던 것이다. 거기서 2배인 14퍼센트가 될 때까지 프랑스는 약 126년, 미국은 72년, 네덜란드는 65년, 영국은 46년이 걸렸다.

"그러니까 영국의 경우 고령화 속도와 시민의식이 성숙해가는 속도가 엇비슷했던 겁니다." 오가미는 말했다. 시민의식이 변화해 지역 사회에서 자원봉사가 정착할 만한 시간이 충분히 주어진 것이다.

반면 일본의 경우 사회의식을 높일 시간이 없다는 점이 가장 큰 난제이다. 일본보다 고령화 속도가 빠른 한국에서는 노인 자살률이 선진국 가운데 극단적으로 높다. 유교 세대가 사회 변화를 따라가지 못한데다 사회보장제도까지 뒤처져 고립이 심해지기 때문이라고 알려져 있다.

영국에서 확산된 자원봉사 조직이 일본에 아주 없는 것은 아니다. 일본에는 조나이카이町內會(일본 지역주민의 자치적 친목조직으로 16세기 도요토미 히데요시 시대에 처음 등장했다―편집자)나 자치회처럼 독특한 공동체가 있다. 그러나 ILC의 조사에 참가한 다이야 고령사회연구재단의 사와오카 시노 주임연구원은 한 가지 상징적인 사례로 이런 이야기를 들려주었다.

"도쿄 나카노구에서 조카이나 자치회에 75세 이상 독거노인 지원

조직을 만들자고 제안을 했습니다. 개인정보를 공개해도 좋다고 한 독거노인들에게 자치회나 조카이가 전화나 말을 걸어주는 식으로요. 하지만 찬성한 자치회는 60퍼센트였습니다. 나머지 자치회는 조직 자체가 고령화해서 활동을 지원할 능력이 없는 것입니다."

일본에는 의식개혁을 할 만한 시간이 충분치 않았던 셈이다.

의식개혁에 시간이 걸린다는 것을 보여주는 좋은 사례 중 하나가 지방활성화 정책이다.

'지방이 할 수 있는 것은 지방에.'

'지방의 의욕을 전국으로.'

이것은 아베 신조 내각이 내세운 지방창생전략의 구호가 아니다. 10년도 더 전에 고이즈미 내각이 치켜든 '지방재생계획'과 '구조개혁 특구'에서 사용한 선전문구이다. 당시 특구로 인정된(2003~2010년) 지방은 1,155곳이나 된다(그리고 일본 지방공공재단 숫자는 1,741개). 특구 지정 목적은 지역성을 살릴 수 있도록 규제를 완화해 성공할 경우 주변으로 확대하고 전국으로 넓혀가자는 취지였다.

어? 하고 고개를 갸웃거릴지도 모르겠다. 2013년 아베 내각은 '국가전략특구' 구상을 내세웠다. 말하자면 10년 전 정책을 리메이크한 것이다.

그렇다면 지난 10년간 생겨난 1,155곳의 특구는 그후 어떻게 바뀌었을까? 후생성 소관 노동정책연구·연수기구나 대학의 연구자들이

각 지자체에 설문조사를 했다. 항목별 내용 중 '효과가 있었나?'라는 질문에 많은 지자체들이 '모르겠다'고 답했다. 특구를 운영하는 지자체 사람들이 모르겠다고 답하는 데에는 이유가 있다. 고용창출이나 기업 진출은 효과가 나타날 때까지 시간이 걸리기 때문에 '판단에 어려움이 있다'는 것이다. 특구가 특효약은 아니었던 셈이다.

아베 내각의 '지방창생전략'에 대해 언론은 신문 사설 등을 통해 정책의 방향성에 대해서는 평가를 하면서도 '지자체가 주체가 되어야 한다'는 단서를 붙인다. 정책도 재탕이고 논평도 10년 전의 재탕이다.

고이즈미 정권 시절 내각 관방의 지역활성화통합본부(현 지역활성화통합사무국)에 있었던 사람은 이런 이야기를 한다.

"지금까지 정부가 정책을 마련한 뒤 '지방 문제는 지방에서 고민해 줘.'라는 식으로 이야기해도 '그런 건 잘 몰라.'라는 답이 돌아오는 실정이었습니다. 소수의 중앙정부 관료가 머리를 맞대고 내놓는 지역 정책은 전혀 실효성이 없습니다. 그래서 지역에 맞춘 주문형 정책이 필요해진 것입니다. 정책 방향도 지역의 일은 지역에 맡긴다는 내용으로 대폭 선회했고, 그후에야 지역 주체라는 기조가 뿌리내리는 데 성공했다고 생각합니다."

고령화 속도에 비추어볼 때 고작 진척된 게 지방 주체라는 의식이 정착된 정도라면 늦어도 너무 늦은 것이다.

이토록 멋진 마을

대기업을
믿지 마세요

2012년 8월 10일 지역 재생과 관련해 이런 일이 있었다.

오사카 시청에서 열린 오사카도 구상 실현을 위한 '대도시 제도 추진협의회'에서 자료를 손에 든 자민당 소속 시의원과 부의원이 질렸다는 말투로 마쓰이 이치로 지사를 추궁했다.

"마쓰이 지사, 이건 뭘 어떻게 하자는 겁니까?"

마쓰이와 하시모토 시장이 연명으로 제출한 자료 내용에 대해 '의미를 모르겠다'며 퇴박을 놓은 것이다. 특히 2002년 미에현과 가메야마시가 공동으로 유치한 가메야마 샤프 공장을 사례로 들면서 오사카부와 오사카시가 제대로 협력을 하지 않아 유치경쟁에서 졌다는 듯이 써놓은 대목이 야당 의원들의 심기를 건드렸다. 샤프 공장 유치 실패 책임을 지금까지 시와 부가 손잡지 않고 각자 '이중 행정'을 해온 탓으로 돌려버린 것이다. 그러므로 마쓰이와 하시모토의 유신회가 주도하는 '도都 구상'이 필요하다고 주장하는 자료였다.

야당이 질린 것은 사실 샤프공장 유치 실패가 이중 행정 탓이라기 보다 당시 공장 등을 제한하는 법이 있었던 까닭에 오사카시의 공장 유치 시도 자체가 법적으로 차단되었다는 점이다. 그러니까 시와 부가 제출한 자료는 논의를 위한 기초자료로는 턱없이 부실했고 야당 의원들의 비난만 자초한 셈이다.

표정이 굳어진 마쓰이가 화를 꾹 참으면서 "좀 전부터 제도 이야기를 하고 있는 것이어서…."라며 말을 흐리자 하시모토가 명쾌한 말투로 "앞으로는 맨파워를 하나로 하면 되지 않을까 하는 생각에…."라고 덧붙이고는 애써 이야기를 마무리지으려 했다.

"시장, 말을 돌리지 마세요."

시의회가 호통치자 회의실에서 쓴웃음이 새어나왔다. 마치 바보와 그를 다그치는 역할을 맡은 배우의 만담을 보는 것 같았다.

이 대목에서 내가 지적하고 싶은 것은 샤프공장을 유치해 꺼져가는 경기를 되살려보려는 발상 자체가 실패의 원인이라는 사실이다. 당연한 일이지만 샤프공장을 유치한 미에현 가메야마시는 한때 '세계의 가메야마 모델'로 이름을 떨치던 시기가 있었다. 그러나 이후 샤프가 한동안 경영 위기에 빠지면서 시 전체가 휘청거리는 상황이 되었다.

기업 유치로 도시를 재생시킨다는 것은 옛날식 발상이다. 특히 탄광 등의 산업이 쇠퇴한 뒤 과거의 번영을 그리워하거나 인구가 너무 적은 지역들이 이렇듯 공장을 유치하려는 경향이 있다.

이토록 멋진 마을

미국의 사례를 봐도 알 수 있듯이 1994년 북미자유무역협정NAFTA
이 시작되자 모처럼 지자체가 유치한 공장들은 인건비가 싼 멕시코
로 옮겨갔다. 일본 역시 지방도시들이 기업을 유치하기 위해 재정을
쏟아 지원금을 주고 인프라도 정비하며 요청했지만 채산성을 중시하
는 공장은 비용이 낮은 중국으로 옮겨가 지자체가 쓴 노력과 세금은
물거품이 되었다.

지자체는 결국 기업에 우롱당하게 된다는 사실은 잘 알려진 이야
기이다. 그럼에도 인구 감소로 고통을 겪는 지자체는 고용을 확보할
공장 유치에 나선다. 지역언론도 관련 내용을 환영하는 듯 보도한다.
그리고 유치에 성공한 시장과 행정에게 그것은 공적이 된다. 공장은
그래도 나은 편이다. 유치 성공사례로 자주 거론되는 콜센터는 확실
히 일거에 고용을 확보할 수 있지만 기술이 그 지역으로 이전되는 게
아니다. 기술 침투가 없으니 새로운 산업으로 확산시킬 수도 없다.
그러므로 지역에 발전을 가져온다고 말하기 어렵다.

오사카와 교토,
고질병과 폭망 사이

오사카의 개혁을 취재할 당시 지역에서 오랫동안 기업 신용조사를 해온 지인이 "수수께끼예요."라며 이런 이야기를 들려주었다.

"오사카에서 태어난 회사는 크게 성장하면 본사를 도쿄로 옮기지요. 옛날부터 그렇습니다. 과거 스미토모 그룹이 그랬죠. 이토추와 마루베니도요. 최근에는 로손과 닛신식품이 본사를 이전했습니다. 그런데 교토에서 생겨난 회사는 교세라를 봐도 와코루를 봐도, 왜 교토에 남는 걸까요. 그게 수수께끼예요."

정확하게 말하면 교토나 오사카나 본사 기능을 다른 곳으로 옮기는 전체 사업자 비율은 크게 다르지 않다. 그러나 교토에서 생겨나 글로벌 기업으로 성장한 회사 대다수는 본사를 이전하지 않는다. 교세라와 와코루뿐 아니라 닌텐도, 무라타제작소, 노벨화학상 수상자 다나카 고이치가 일하는 시마즈제작소, 정밀 소형모터 세계 1위의 니혼전산, 옴론, 롬, 호리바제작소 등이 사업규모를 확대해 세계를 무대로 승부하면서도 발상지인 교토를 떠나려 하지 않는다. '교토 벤처'라는 단어가 말해주듯 독자 경제권을 구축하고 있다.

반면 오사카에서 성장한 대기업이 본사 기능을 도쿄로 옮길 때마다 고용, 세수 그리고 심리적인 타격이 화제에 오른다. 오사카는 태생적으로 도쿄의 대척점에 선 도시이다. 기업들이 본사를 도쿄로 옮길 때마다 '오사카를 버릴 마음인가'라는 복잡한 감정이 섞여들 수밖에 없다. 그래서일까. 오래 전부터 오사카에 갈 때마다 어딘가 자학적인 투로 던지는 기업 경영자들의 인사말이 귓가를 맴돌았다.

"경제적인 지반침하가 멈추지 않네요."

성장한 기업에게 버림받은 도시와 혜택을 받아 계속해서 번영하는 도시. 그 차이는 무엇일까.

오사카가 '동양 제일의 상업도시'라고 불린 것은 전쟁 전의 일이다. 1940년 오사카의 인구는 사상 최대인 325만 명으로 불어났고 그후 한 번도 이 숫자를 넘은 적이 없다. 전쟁 중 대공습과 전후 도너츠화 현상에 따라 교외가 발전한 것도 한 가지 원인이지만 '번영의 정점'이 다른 지역보다 매우 이르게 찾아왔다. 전후 오사카시의 인구 정점은 1965년(오사카만국박람회가 열리기 5년 전)이었고 이후 인구는 시외 전출 초과상태가 오랫동안 계속되었다. 그리고 21세기로 접어들자 오사카 시내의 기업 숫자는 다른 도시에 비해 눈에 띄게 줄었다.

에도시대에 "일본 부富의 7할은 오사카에"라고 세상이 말하던 것을 생각하면 확실히 서글픈 내리막길 형국이다. 이 경제적 지반침하는 만성적 고질병에 곧잘 비유된다. "낫겠지." "언젠가는 나아질 거야."라는 마음은 있으되 근본적인 치료를 하지 않기 때문에 천천히 나빠진다. 이런 위기감을 배경으로 마치 특효약처럼 오사카부 주민의 기대를 모은 것이 '오사카 유신회'였다.

하시모토 데쓰야의 '유신회'가 몰고 온 열기를 다른 지역 사람들은 이해하기 어려울 것이다. 해질 무렵 오사카의 대중식당에 가본 사람은 안다. TV뉴스가 하시모토 시장의 정례 기자회견을 보여주는 순간, 밥을 먹던 사람들은 젓가락 움직임을 딱 멈춘 채 화면을 응시한다. 하시모토의 말에 맞장구를 치고 "역시 하시모토밖에 없어."라고 흥분하는 목소리도 들린다. 지역신문에 하시모토 비판 투고라도 게재될라 치면 신문사에는 "죽어라!"고 욕하는 전화가 잇따른다.

선거에서 오사카 유신회를 지원한 기업 경영자들로부터 이야기를 들을 기회가 몇 번 있었는데 그들이 원하는 것은 단 하나였다. "경제적 지반침하로부터 탈출하는 것." 오사카 사람들은 유신회에 판돈을 건 셈이었다. 그러나 다 아는 대로 열기는 점점 식었다. 오사카를 구해주어야 할 '오사카도 구상'은 성장을 위한 방법으로 정말 효과가 있을까. 행정구조를 바꾼다는 것과 경제성장이라는 목적을 연관짓기란 어렵고 이해하기도 힘들다.

여기까지 쓰고 보니 문득 이런 생각이 든다.

'뭐야, 오사카는 일본 그 자체 아닌가.'

과제를 떠안은 오사카는 일본의 모습을 빼닮았다. 왜 이렇게 됐는지 알지만 근본적으로 무엇인가를 바꾸지 못했기 때문이다. 오사카라는 도시에 친근감과 그리움을(적어도 나는) 느끼는 것은 우리를 비춰주는 거울이기 때문이다. 부정하고 싶지 않은 과거, 만성적으로 잘 안 되는 방향으로 가는 걸 알면서도 푹 젖어 머물고 싶은 과거.

그러나 지반이 침하하는 마당에 무어라도 하지 않으면 안 되기 때문에, 선거 때만 되면 지역 경영자들은 누군가를 추대한다. 오사카부 지사 선거에서 오타 후사에, 에모토 다케노리(낙선), 하시모토 데쓰야를 추대해 열심히 응원한 것은 지역의 재계 인사들이었다. 하지만 집어올린 가마에서 먼저 떨어져나간 것도 지역의 경제계 인사들이다. 뭘 좀 해달라고 열심히 매달렸지만 그 열기가 식자 "역시 당신은 안 돼." 하고 딱 잘라버리는 모습도 일본식이라면 일본식이다. 그것이 오사카인 것이다.

그러면 교토는 무엇이 다를까. 교토도 경제적 지반침하를 경험한 적이 있다. 아니, 그것은 지반침하처럼 간단한 게 아니었다. 메이지 유신에 따른 수도 이전으로 오사카와는 비교할 수 없을 만큼 급격히 쇠퇴한 것이다. 일본 최대의 도시였던 교토는 에도시대에 들어설 즈음부터 인구가 서서히 줄었다. 그러다 수도를 옮긴 이후 단 4년 사이에 33만 명이던 인구가 24만 명으로 격감한다.

에도 말기 시가전으로 피해가 컸던 데다 섬유산업과 공업제품 구매층이었던 구게公家(귀족 관료층—편집자)가 천도遷都와 함께 몽땅 도교로 떠난 탓에 산업이 한순간에 쇠퇴했다. 왕궁 부근만 해도 무려 1만 채의 빈집이 나왔다고 한다(이를 테면 양갱으로 유명한 '도라야' 등 궁중용품을 조달하던 전통 있는 가게들도 이때 도쿄로 옮겼다). 그 충격은 현대의 인구 감소나 '빈 집 문제'와 비교도 되지 않는다.

오사카의 지반침하가 만성적 고질병이라면, 교토의 쇠퇴는 해수면에 갑자기 나타난 빙산에 부딪혀 침몰하는 배에 비유할 만했다. 두 도시의 가장 큰 차이는 예측할 수 있는 사태였느냐 아니냐는 점이었다. 교토의 경우 더 이상 수도가 아니라는 사실에 직면해 과거와 단호하게 결별하지 않으면 안 되는 상황이었다. 이처럼 서로 다른 충격파로 지반침하를 맞이한 오사카와 교토의 명암은 이후 확 달라진다.

교토의 변천을 단순화하면 다음과 같을 것이다.

• 번영의 정점은 이미 지났다. →• 회복불능의 상황으로 환경이 변한다. →• 어떻게 해야 좋을지 몰라 고민하지만 한탄만 할 겨를이 없다. →• 낡은 도시에 새로운 피와 재능을 투입할 필요가 있다. →• 매력 있는 도시를 만들어 젊은이들을 모은다. 다행히 교토에는 대학이 많다. →• 지역에서 생겨난 벤처기업을 소중하게 여긴다. 교세라의 이나모리 가즈오도 가고시마현이라는 다른 지역 출신이다. →• 요약하면 새로운 사람이 분발하도록 독려해 옛 사람을 포함한 전체가 혜택을 누린다.

과거의 질서가 무너져 엉망진창이 돼버린 도시가 새로운 환경에

이토록 멋진 마을

맞게 '자기조직화'를 단행한 것이다. 도시를 생명체에 비유한다면 환경의 격변에 대응하기 위해 겉으로는 '고도古都'인 척 하면서 동시에 보이지 않는 형태로 생존방식을 혁신한 것과 비슷하다.

사회운동가 유아사 마코토에게서 '밑바닥 체험'이라는 말에 대해 전해들은 적이 있다. 그는 이렇게 말했다.

"지방 자립으로 성공한 사례는 일본의 변경에서 나옵니다. 변경은 밑바닥 체험을 했기 때문입니다. 밑바닥까지 내려가 보는 것이 재생을 위해 필요합니다. 밑바닥 체험은 알코올 의존증이 있는 사람에게서 눈에 띄는 사례입니다."

알코올 의존증이 있는 사람은 초기 단계에서는 "나는 마음만 먹으면 언제라도 술을 끊을 수 있다"고 말한다. 그러나 말로 그칠 뿐이다. 의존증이 심해진 그는 일을 할 수 없게 되고, 설상가상 지긋지긋해진 처자식이 도망가면서 이산가족이 된다. 마침내 생활고에 빠지지만 그때는 발이 붓는다든지 다른 심각한 증상이 나타난다. 이렇게 '밑바닥으로 떨어졌을' 때 처음으로 "이제 나는 틀렸다. 이대로 죽겠다. 더 이상 내 힘으로는 나을 수 없다"고 체념한다. 도와주는 사람 같은 건 주변에 없다. 이 사실을 인식하는 것이 이른바 '밑바닥 체험'이다.

밑바닥 체험을 한 의존증 환자들은 그제야 병원을 찾아나선다. 자력으로 고칠 수 없다는 사실을 받아들이는 것이다. 이것이 문제 해결과 마주하는 자세이다.

그러니까 밑바닥 체험이야말로 교토 재생의 핵심이다. 이때 언뜻 특효약처럼 보이는 기업과 공장 유치로 고용문제를 단번에 해결하려고 했을 수도 있다. 그러나 황폐해진 도시에 와줄 대기업과 공장은 거의 없다. 설령 가능하더라도 문제를 근본적으로 해결하지는 못한다. 해결책이 하늘에서 떨어지는 일 따위는 본래 가능하지 않다.

밑바닥 체험을 한 뒤 다시 태어나는 '트랜스포메이션'은 세계적으로 보면 결코 드물지 않다.

예를 들어 미군 기지나 원자력발전소에 경제를 의존해 지역을 조성하는 경우를 보자. 그것도 한 가지 생존방식이겠지만 미군 기지와 원자력발전소가 없어진다고 도시가 소멸하는 것도 아니다. 시설이 없어진 뒤 생존방식을 바꾸어 성공한 도시가 세계에 여럿 있다. 난처해지는 쪽은 에너지와 안전보장이란 혜택으로 살아가던 주위의 도시이고, 거시적으로는 국가 차원의 문제가 남는 것이다.

과거의 번영을 되돌리려 발버둥치는 게 아니라 달라진 환경에 맞춰 스스로를 재조직하는 것. 이것이 자기개혁 능력이다. 이런 자기조직화는 완성 지점이란 게 없다. 2025년 문제는 해결해야 하는 주제이지만 도달점이 있을 리 없다. 진화 과정에서 찾아오는 숱한 위기 중 하나일 뿐이기 때문이다.

왜 후쿠이 아이들은
공부도 잘할까?

교토는 옛 수도라는 특수한 이점 덕에 사람을 모으기 쉬운 조건을 갖췄다. 게다가 시 전철을 깔아서 인구를 늘렸다.

다른 지자체에서도 지역에 맞는 '자기조직화'가 가능하지 않을까. 그 힌트를 얻은 것은 오사카의 교육현장을 취재할 때였다.

지역경제 쇠퇴와 동전의 양면처럼 맞물리는 문제가 교육이다. 시대적 전환기를 맞아 정부나 OECD는 '지식의 축적, 운용, 지적 창조성이 경제를 발전시키고, 가장 든든한 사회 기반이 된다'며 교육의 중요성을 제창했다. 그러나 빈곤과 지역경제 쇠퇴로 인해 교육에 눈 돌릴 여유가 없어지면 아이들이 진학할 기회를 놓쳐버린다. 그 상징적인 사례를 오사카에서 봤다.

하시모토 도루가 이끄는 오사카 유신회가 약진할 즈음, 오사카부 지사를 맡고 있던 하시모토가 "빌어먹을 교육위원회"라고 욕한 게 화제가 된 적이 있다. 전국학력평가에서 오사카의 평균 점수가 전국 평균보다 낮아 최하위에 가까웠기 때문이다. 그래서 시작한 것이 경쟁주의를 도입한 오사카의 교육개혁이었다. 그러나 오사카 시내 초등학교 교사에게 물었더니 "학력평가 평균 성적이 낮은 원인을 연구하지 않고 어린이들의 실태를 보려고도 하지 않는다"며 비판적이었다. 평균 성적이 낮은 중요한 원인은 분명했다. 중간 정도 성적을 내던 아이들의 점수가 떨어져 낮은 성적 그룹의 숫자가 늘어났기 때문이다.

그 배경에 대해 어느 초등학교 교사는 "가정에 복잡한 문제를 지닌 아이들이 많다"고 전했다. "전기와 가스가 끊기고 더운 여름날에도 욕실이 고장난 상태에서 지내는 아이가 있습니다. 옷을 갈아입지 않기 때문에 땀 냄새가 났고 따돌림을 당했습니다. 제가 보건실로 불러서 등을 닦아주기도 하고, 전기가 끊겨 밥을 먹지 못한 아이에게는 음식을 배달시켜 먹인 적도 있습니다. 가정이 붕괴 상태에 있는 아이는 사는 것 자체가 힘겨워 집에서 숙제를 할 형편이 안 됩니다. 그런 아이들만 모아 방과 후 교실에서 함께 숙제를 하도록 했습니다만, 거기에도 한계가 있더군요. 저학년 때에는 성적이 좋더라도 중학교에 갈 무렵에는 집에서 공부를 하지 않으면 성적이 떨어집니다."

그는 이런 사례가 특정 지역에서 집중적으로 일어나는 현상이 아니라 어느 곳에서나 만날 수 있는 일상적 모습이라고 전했다. 그러면서 "교사들이야말로 교육을 진정으로 개선하기 위해 사회가 다른 시각으로 접근해주기를" 간절히 바란다고 덧붙였다.

후생노동성은 2014년 전국의 아동 여섯 명 중 한 명이 빈곤상태에 있다고 발표했다. 부모 세대의 비정규 고용이 고착화되어서 아이들이 학원에 갈 수 없다든지, 제대로 된 식사를 하지 못하는 '상대적 빈곤'이 늘어나고 있다.

가정의 빈곤이 학력에 영향을 준다는 것은 이미 알려진 이야기지만, 어떻게라도 아이들의 학력을 높여보려고 열심인 오사카의 교사들은 다음과 같은 의문을 가지고 있었다.

'왜 후쿠이의 아이들은 그렇게 공부를 잘 할까?'

초·중학생의 전국학력평가와 체력평가에서 후쿠이현은 매년 최상위이다. 학력평가는 때때로 아키타현에 뒤지지만 후쿠이와 이시카와현, 도야마현 등 호쿠리쿠 3개 현은 항상 상위를 차지한다. 의외인 것은 이 3개 현 학생들이 학원에 다니는 비율은 초·중학생 모두 전국평균에 못 미친다는 사실이다. 그러나 고교생 1,000명당 도쿄대, 교토대 합격률은 높다. 밤늦게까지 학원에 다니는 도시 아이들보다 성적이 좋은 것은 왜일까.

후쿠이 교육현장을 시찰한 오사카의 교사로부터 "후쿠이는 대단하다, 배워야 한다"는 말을 들은 이후 이끌리듯 후쿠이시로 갔다. 그리고 시내의 한 중학교 교사에게서 의외의 이야기를 들었다. 전국학력평가에 대비해 어떤 수업을 하느냐고 묻자 그 남자 교사는 한순간 머뭇거리며 겸연쩍게 미소를 지었다.

"따로 하는 게 없습니다. 가만히 돌이켜보면 '이번에 학력평가가 있구나.' 간신히 기억해낼 정도로 무관심한걸요."

전국학력평가 같은 건 자신들에게 전혀 관심이 없다는 투였다. 마치 시험결과나 순위가 무슨 의미가 있느냐, 나아가 순위가 교육의 본질이냐고 반문하는 것만 같았다. 오랫동안 독자적으로 교육을 했더니 우연찮게도 만날 최상위 수준에 있을 뿐이라는 것이다.

OECD가 세계 각국에서 실시하는 시험인 '학습도달도조사PISA'에서 아시아의 신흥국 성적이 올라가고 있다. 상하이, 홍콩, 싱가포르, 한국이 일본을 제쳤고, 과목에 따라서는 대만이나 마카오가 일본보다 상위인 경우도 있다. 경제성장에 따라 교육에 예산을 배정한 결과라는 해석도 있다. 그렇다면 일본의 전국학력시험에서 늘 최상위 성적을 다투는 호쿠리쿠 3개 현의 경제성장이 현재 정점이거나 교육에 예산을 집중하고 있을까. 전혀 그렇지 않다. 오사카처럼 성장의 정점은 이미 지났다.

정점을 지났음에도 호쿠리쿠 3개 현은 실업률과 생활보호수급률이 낮은 것으로 전국에서 최상위를 다툰다. 서문에서 언급했듯이 노동자 세대의 실수입도 후쿠이는 2위인 도쿄와 제법 차이가 난다. 인구 감소에 따라 높은 경제성장을 기대할 수 없는 게 일본의 현실인데도, 호쿠리쿠를 걷다보면 우리 곁에 있는 과제를 '그늘'에서 '빛'으로 바꾸는 미래의 모델이 있는 것처럼 느껴진다.

제2장

현재_세계가 주목하는
도야마시의 도전

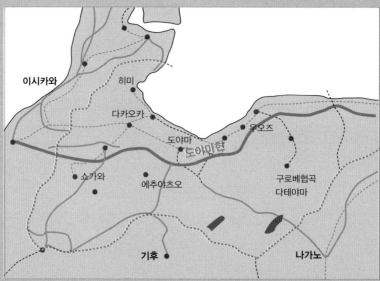

도야마현 지도

일본인은 모르는
세계 최첨단 지방도시

2014년 9월 23일 뉴욕. 도야마 시장 모리 마사시가 배우 리어나도 디캐프리오, 앨 고어 전 부통령과 함께 한 회의에 참석했다.

도야마는 일본 최초로 유엔이 선정한 에너지효율 개선도시로 뽑혔다. 이후 반기문 유엔 사무총장이 '모든 사람을 위한 지속가능한 에너지SE4ALL, Sustainable Energy for All'라고 이름 붙인 회의에 시장을 초대한 것이다.

일본 내에서는 그다지 알려지지 않았지만 도야마시는 세계의 주목을 받고 있다. 이 도시가 어디에 있는지조차 모르거나 동해 쪽 후미진 시골이라는 이미지로 기억하는 일본인도 적지 않겠지만, 도야마는 세계 최첨단 지방도시이라고 해도 손색이 없다. 그 덕에 모리 시장은 세계적으로 인기 있는 강연 인사가 되었다. 아마도 세계 각지에서 강연을 하는 일본 시장은 그 외에 없을 것이다.

가령 모리 시장은 2010년 스페인령 카나리아 제도에서도 초대받아 연설을 했다. 카나리아 제도는 모리 시장이 "체재 시간보다 이동 일수가 길었다"고 말했듯 아프리카 서사하라 앞바다에서 100킬로미터가량 떨어진 대서양의 섬이다.

이후 모리 시장은 파리, 북유럽, 남미와 지구 반대편까지 강연과 토론회에 잇따라 초청되었다. 한국에서 강연을 할 때에는 일년 동안 배운 한국어로 연설을 했다. 이탈리아에 초청되었을 때도 이탈리아어로 토론을 했다. 2005년 이후 시장은 해마다 65~79차례의 강연과 토론회에 참가한다. 평균 매주 한 차례가 넘는다.

도야마시로 행정시찰을 떠나는 국내외 단체도 꾸준히 늘고 있다. 2010년 이후 이곳을 찾는 단체는 매년 400개 이상이다. 평균 잡아 매일 하나 이상의 단체가 시찰하러 온다는 계산이 나온다. 방문자 숫자로 따지면 가장 많았던 2011년에 연간 4,877명이었다. 일본 전국의 지방 공공단체 숫자가 1,800개라는 것을 감안하면 매년 400개 넘는 단체의 시찰이 얼마나 많은 숫자인지 가늠할 수 있을 것이다.

세계의 이목이 쏠리는 이유는 2013년 OECD가 발표한 〈콤팩트시티 정책보고서〉에서 도야마시가 멜버른, 밴쿠버, 파리, 포틀랜드와 나란히 세계 선진 5개 도시로 평가받았기 때문이다. 이 5개 도시 중 인구 감소와 저출산 초고령화를 겪고 있는 곳은 도야마시뿐이다.

일찍이 인류가 경험한 적 없는 초고령 사회를 도야마시가 콤팩트시티화를 통해 얼마나 잘 극복해 '살기 좋은 도시'로 바꿔낸 것일까. 그 힌트를 찾기 위해 많은 사람이 도야마를 방문한다. 해외의 평가도 높아서 말레이시아 제2의 도시 조호바루시가 있는 조호주는 정글을 개발해 도야마 모델의 도시를 건설할 계획이라고 한다.

이렇게 많은 단체가 시찰하러 올 정도라면 일본 각 지자체가 도야마 모델을 따라 '2025년 문제'를 해결할 수 있을 것도 같지만 문제는 그리 간단하지 않다.

어느 날 시찰을 위해 도야마 시장을 방문한 한 지자체 시장이 이렇게 물었다. "도야마에서 진행하는 '손자와 외출 지원사업'을 저희가 베껴도 괜찮겠습니까?"

모리 시장은 기세 좋게 "아무렴요, 얼마든지 하세요." 하고 대답했다. '손자와 외출 지원사업'이란 시내에 있는 가족공원(바비큐도 할 수 있는 동물원), 박물관, 과학관, 민속자료관, 다테야마의 어드벤처 등 시의 시설을 조부모가 손자나 증손자를 동반해 올 경우 입장료가 전액 무료인 서비스이다.

이 정책이 실행되자 이용자는 당연히 늘었다. 모리 시장은 "이것은 고령자의 외출을 촉진하기 위한 정책입니다."라고 말했다.

"손자와 함께 하는 것만으로 시의 시설을 무료로 사용할 수 있으면 외출할 기회가 많아집니다. 집에 틀어박히지 않고 밖으로 나와 걷다 보면 고령자의 건강수명은 늘어나지요. 이것은 미래의 의료비를 절감하는 요인이 됩니다. 게다가 손자를 데리고 가면 반드시 지갑 끈이 느슨해집니다. 가령 아빠 엄마는 동물원에 가면 아이스크림을 한 개

밖에 사주지 않아요. 할머니라면? 세 개 정도는 사줄 겁니다. 귀갓길에 할아버지는 손자를 데리고 초밥집에서 식사를 할 수 있겠지요. 고령자의 외출이 지역경제에 공헌하는 셈입니다. 이뿐입니까. 외출하는 습관으로 노인은 건강해지고, 손자에게는 조부모 세대와 교류할 기회가 마련되는 것입니다."

그러니까 '입장료 무료'란 일석삼조의 효과를 노린 정책이다.

그러나 "베껴도 괜찮겠습니까?" 하고 모리 시장에게 물었던 그 시장은 '입장료 무료정책'을 실시할 수 없었다. 시의회에서 이 사업을 반대하는 한 의원은 이렇게 말했다.

"손자가 없는 고령자에게 이것은 불공평하지 않은가."

그리하여 사업안을 철회하지 않을 수 없었다고 그 시의 담당자가 모리 시장에게 전해왔다는 것이다. 앞 장의 저출산 대책 부작위와 마찬가지로 '결국 아무것도 하지 않는' 쪽이 무난하다는 것이다. 모리 시장은 질렸다는 듯 나에게 말했다.

"그저 아는 아이를 데려와서 '내 손자다'라고 말하면 되는 거예요. 입장할 때 호적등본을 보여달라는 것도 아니니까. 그렇게 한다면 불공평하지 않잖아요."

내가 한바탕 웃으며 "그래도 시장님은 남들 앞에서 그렇게 말하지는 못하시지요." 했더니 모리 시장은 진지한 얼굴로 대답했다.

"아니요. 저는 사람들 앞에서 똑같이 말해요. 그런 것조차 불공평하다고 비난한다면 지자체장은 어떤 정책도 펼 수 없어요. 도쿄의 긴

자에서 태어난 사람과 도야마에서 태어난 사람의 자산가치만 비교해도 불공평한 것 아닙니까. 사회구조 자체가 평등하지 않은데 불공평 타령만 해대면 아무것도 추진할 수 없지요."

손자와 외출 지원사업은 도야마시가 추진한 정책의 곁가지, 그러니까 톱니바퀴의 일부에 지나지 않는다. 큰 바퀴를 움직이려고 할 때 역시 '불공평'이라는 소리가 터져나왔다. 독재를 하지 않고 상황을 바꾸려면 어떻게 해야 할까.

공평인가 불공평인가. 이 논의를 넘어서기 위해서는 어떻게 해야 좋을까. 도야마시의 변화를 살펴보자.

공공시설의 편리가
부담이 되는 날

모리 마사시가 도야마 시장에 취임한 것은 2002년 1월, 그의 나이 49세가 되던 해다. 집안이 배 농가였던 그는 시장이 되기 전에 사법서사와 시의원을 지냈다. 그가 시장 선거 출마를 표명하자 공산당을 제외한 모든 정당이 지지했다. 전 시장의 후계라는 이점까지 있어서 선거에서 압승했다.

그렇지만 취임하고 일년이 지나자 눈앞이 캄캄해졌다. 어느 지역에나 공통된 어두운 미래가 기다리고 있었던 것이다.

모리 시장은 당시를 되돌아보며 이렇게 말했다.

"일년 걸려 예산 편성의 요령을 공부해 결산을 내놓는 시점에서 지금까지의 체제로는 아무리 해도 지속 불가능하다는 것을 알았습니다. 일년간의 잉여금을 기금으로 적립해 거기서 조금씩 재원 부족을 보충해가지 않으면 안 되었습니다. 지방교부세에 기대어 그럭저럭 해왔습니다만 인구가 감소하기 때문에 잉여금을 적립한 기금 총액은 줄어들고 있었습니다. 이렇게 외부 지원 없이 만성적자 상태를 반복하다 보면 언젠가는 파탄이 나는 겁니다."

시장은 취임 2년째에 시청 내 부와 국을 불문하고 젊은 직원들을 그러모아 팀을 만들었다. 현재 간부인 사람들은 정년퇴직하면 내뺄 수 있는 세대이지만 미래에 책임 있는 자리를 맡게 될 젊은 직원은 다르다. 그들은 과제를 정리해 정책의 방향성을 찾아내려 했다. 분명한 것은 지금까지처럼 성장시대의 정책을 지속할 경우 젊은 세대의 부담이 점점 무거워진다는 사실이었다.

그렇다면 젊은 세대의 부담을 늘리는 성장시대의 정책이란 무엇일까. 이 대목에서 매우 흥미로운 데이터가 있다. 도로정비율과 도로개량률이다.

도야마현은 도로정비율과 도로개량률이 전국 1위이다. 도로가 구석구석까지 잘 정비되어 있기 때문에 정체가 발생하지 않고, 자동차를 이용해 생활하기에 어느 곳보다 편리한 지역이다. 자동차를 이용해 생활하기 편한 지역이라는 사실은 세대당 승용차 보유 대수에서도 확인된다. 후쿠이현이 1.76대로 전국 1위, 2위가 도야마현, 이시카와현은 10위이다.

그러나 고령화로 인구 구성이 바뀌면서 이런 '살기 편함'이 역작용을 일으켰다. 도로 정비에 세금을 투입한다는 것은 도로 보수에도 돈이 든다는 것을 의미한다.

게다가 도로가 정비되었기 때문에 시가는 교외로 계속 확대되었다. 반대로 도심 상가에 빈 점포가 눈에 띄기 시작하더니 결국 중심 상업지역의 땅값이 떨어지고 세수가 줄었다. 악순환의 시작이었다.

시가가 교외로 확대되자 행정비용도 늘어났다. 쓰레기 수거, 간병 서비스 순회, 도시 정비. 눈이 오면 제설비용이 늘었고 자연재해 발생 시 지역 간 상호부조 능력은 떨어졌다. 행정 유지관리 비용이 계속 늘어나면 언젠가 파탄이 나는 것은 자명하다. 과거 학교에서는 '인구밀도 증가=주거환경 악화'라고 배웠지만 고령화에 따라 그 도식이 뒤집어진 것이다.

실제로 국토교통성이 2006년부터 3년간 각 시정촌별 인구밀도와 1인당 행정비용을 정밀조사한 결과, 분명하게 반비례하는 곡선이 나타났다. 인구밀도가 낮을수록 1인당 세출이 늘어나는 것이다. 파손되고 노후한 콘크리트도 문제가 되었다. 전국 공공사업의 유지관리 및 갱신 비용이 2030년에는 2010년의 2배로 늘어난다. 도로, 다리, 공공시설을 유지하기가 어려워지고 복구할 수도 없어서 위험한 상태로 방치될 게 뻔하다. 인구 감소가 자칫 목숨을 잃을지도 모를 위험을 불러오는 것이다.

이것이 전후 내내 일본이 유지해온 '균형 있는 국토 발전'의 개념 밖에서 벌어지는 일이다. 지금도 선거 때가 되면 후보자들은 "행정비용 삭감"을 공약으로 내세우지만, 이와 정반대로 행정비용이 늘어나는 모순된 도시 조성을 전국 각지에서 열심히 하고 있는 셈이다.

호쿠리쿠 3개 현에서 정비된 도로망으로 생활은 편리해졌지만 이제는 유지관리만이 아니라 그 도로망 때문에 고령자가 불편해졌다. 나이가 들수록 노인들은 운전에 어려움을 겪는다. 쇼핑을 하거나 병원 가는 것이 불편해진 고령자는 '교통 약자'로 불린다.

과거에 살기 편하던 요소들이 큰 부담으로 변한 것이다.

모리 시장은 그래서 결단했다고 한다.

"시가 조성의 근본 시각부터 바꾸지 않으면 안 되었습니다. 무엇보다 먼저 도시 확대를 멈춰야만 했지요."

사람을 끌어들이는
세 가지 미끼

도시의 확산을 막아 인구 유출을 멈추려면 어떻게 해야 좋을까.

가령 일본 정부는 2015년도부터 지방에 취직하는 학생의 장학금 대출금 상환 감면정책을 도입했다. 돈을 눈앞에 내보이면서 도쿄로의 인구 집중을 막으려는 의도였지만 일도 없고 재미도 없는 지방에서 젊은 사람이 참고 계속 살 것 같지는 않다.

제도나 규칙으로 사람을 특정 지역에 묶어두기란 어려운 일이다. 그래서 모리 시장은 심리적인 유도 방안을 생각했다.

"사람을 움직이는 요소로는 세 가지가 있습니다. 재미가 있는가, 맛난 것이 있는가, 멋있는 것이 있는가. 맛난 것에는 이득을 봤다는 느낌도 포함됩니다. 저와 똑같은 생각을 유럽에서 유행처럼 번진 도시 만들기에서 우연히 발견했습니다. 유럽에서는 'H2R'이라고 불립니다. H는 휴머니즘. 그러니까 인간적인 재미입니다. 두 개의 R은 로맨티시즘과 리얼리즘. 로맨티시즘은 멋이고, 리얼리즘은 맛입니다.

이런 심리적인 유도 방법을 기반으로 해서 저희가 내세운 것이 '꼬챙이와 경단瓊團형 도시구조'라는 계획이었습니다."

꼬챙이는 서비스 수준이 높은 공공교통을 말한다. 이 도시에는 도야마 역을 중심으로 해서 JR, 도야마 지방철도 등 기존의 철도 외에 시내를 순환하는 '도야마 지방철도 시내전차'와 항구와 중심지를 왕복하는 '포트램Portram'이라는 경전철(신형 노면전차)이 등장했다. 이 노선들이 꼬챙이다.

경단은 이들 공공교통으로 연결된 주거지역이다. 주거지역은 주민들이 생활습관을 바꾸도록 유도해 걸어서 생활할 수 있는 거리로 만들어간다. 교외 개발을 억제해 시가 중심부에 사람, 물건, 돈의 기능을 집약한다. 이것이 세계 도시들이 장려하기 시작한 '콤팩트시티' 아이디어다. 걸어서 생활할 수 있는 지역을 경단에 비유해 꼬챙이가 되는 공공교통으로 연결한다. 그 중 하나인 경전철은 '경량궤도교통'이라는 별칭처럼 노면전차의 바닥을 낮추어 계단을 오르내리는 부담없이 탈 수 있도록 한, 한두 량짜리 소형 전차다. 미국이나 캐나다의 도심부에서 흔히 볼 수 있는데, 10~15분마다 한 대씩 다닌다.

수도 이전 이후 교토 인구가 격감했을 당시 시 당국이 위기 극복을 위해 내놓았던 정책 중 하나가 시가 전차 부설과 도로 확장사업이었다. 인구를 늘리기 위한 대대적인 '도시 확대' 사업이었지만 도야마시의 경전철은 그 반대였다. 공공교통으로 사람을 중심부에 모아 걸어서 생활할 수 있는 콤팩트시티를 구현한다는 개념이었다.

그림 3 콤팩트시티 구상

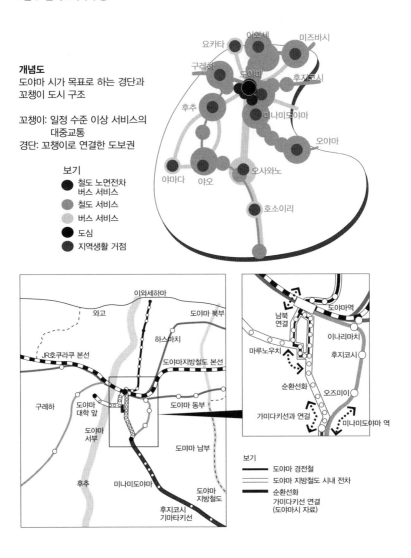

개념도
도야마 시가 목표로 하는 경단과
꼬챙이 도시 구조

꼬챙이: 일정 수준 이상 서비스의
대중교통
경단: 꼬챙이로 연결한 도보권

보기
- 철도 노면전차
  버스 서비스
- 철도 서비스
- 버스 서비스
- 도심
- 지역생활 거점

이토록 멋진 마을

이 구상에는 전례가 있다. 미국 오리건주 포틀랜드시로, 나이키와 인텔 본사가 있는 인구 53만 명의 도시이다. 포틀랜드가 대전환을 맞은 것은 1979년이었다. 불경기로 주택 건설업이 침체하면서 주력산업이던 임업이 타격을 받았다. 포틀랜드시는 당장 두 가지 과제를 해결하지 않으면 안 되었다. 경제활성화와 자연의 난개발 방지였다.

포틀랜드는 원래 풍부한 하천과 계곡, 대자연의 축복을 받은 도시였지만 난개발로 수질오염과 대기오염, 쓰레기 처리 문제가 대두되었다. 경제개발과 자연보호를 어떻게 양립시킬까. 한 가지 새로운 개념을 적용해 획기적인 변화를 만들어냈다. 그것은 '도시 성장 경계선'이라는 개념으로, 20년 후의 인구 예측에 기초해 도시 성장을 계산한 뒤 개발할 수 있는 영역에 선을 그은 것이었다. 경계선을 만들면 난개발과 무계획한 도시 확대를 막을 수 있다.

포틀랜드는 도시 기능을 중심부에 집약했다.

도보 20분 거리 안에서 의식주를 해결할 수 있도록, 트램이라고 부르는 도야마 포트램의 원형인 경전철로 연결했다.

성장 경계선의 특징은 5년마다 계획을 재검토하는 것이다. 도시도 생명체처럼 예측 불가능한 변화를 한다. 세상 일이 계획대로 되지 않는다는 전제 아래 재검토를 하는 것이다. 게다가 행정관청에서 일방으로 경계선을 긋는 게 아니라 주민, 산업계와 함께 결정을 한다.

콤팩트하게 집약된 도심부와 경제개발을 할 수 있는 구역을 새로 설계하면서 포틀랜드는 한결 살기 편해졌고 인구도 늘어났다. 반대

도야마시를 운행하는 소형 전차 포트램
도시 중심부에 기능을 집약한 도야마 프로젝트의 상징과도 같은 교통시스템.
전차의 바닥을 낮춰 계단 없이 타고내릴 수 있는 한두 량짜리 경전철은 사람들을 도시로 흡수하는 꼬챙이 역할을 한다.

로 자동차 사용률은 약 30퍼센트 줄었으며 쓰레기 재활용률이 미국 전체 2위가 되었다. 유기농 식재료 식당이 도심으로 들어오고 시가지 곳곳을 공공미술과 장미꽃으로 꾸미면서, 크리에이터들이 좋아하는 도시로 탈바꿈하기 시작했다. 이 도시는 지금 '미국에서 가장 살고 싶은 곳 중 하나'로 꼽힌다.

일본에도 일찍이 콤팩트시티화로 성공한 도시가 있다. 후쿠오카시다. 후쿠오카시는 인구 150만 명의 정부 지정 도시이자 지방이라고 말하기 어려운 대도시다. 후쿠오카시의 경우 콤팩트해지지 않을 수 없는 사정 때문에 우연히 성공한 사례다.

전후 후쿠오카시가 경쟁 도시로 생각했던 것은 기타큐슈시였다. 고쿠라나 야하타 등 5개 도시가 합병해 만들어진 기타큐슈는 제철 등 중공업으로 고도 경제성장을 견인한 도시다. 그래서 후쿠오카에서는 "하카타만을 매립해 기타큐슈에 지지 않는 공업도시를 만들자"라고 말하는 사람도 있었다. 하지만 치명적인 결점이 있었다. 후쿠오카시는 수자원이 부족한 탓에 공업용수를 확보할 수 없었다. 따라서 기타큐슈시처럼 거대한 공업도시가 될 수 없었던 것이다. 급수능력 문제로 1978년부터 이듬해에 걸쳐 심각한 '대가뭄' 사태를 맞았다. 강수량이 적었던 그해 9개월 동안 시내에서는 단수를 해야 했다. 공항 화장실에는 양동이를 가져다놓고 일을 본 뒤 그 양동이로 물을 흘려보내야 했다. 주택단지에서는 물을 가득 채운 플라스틱 용기를 짊어지고 계단을 올라가는 광경을 흔히 볼 수 있었다. 당시 후쿠오카시는 대학 교수들과 함께 도시 기본계획을 짰다. 교수들은 개발 억제형의 '제어 능력을 갖춘 지속가능한 도시' 안을 내놓았다. 해발 80미터 이상 지역에서는 도시개발을 하지 않기로 한 것이다. 당시는 지속가능한 도시라는 말 자체가 획기적이었다.

그 결과 대도시이지만 콤팩트해서 공공교통으로 이동해도 많은 시간이 걸리지 않았다. 공항에서 도심까지 지하철로 불과 10분이었다. 그리고 인접한 이토시마 반도는 바다와 산이 멋져 대도시와 자연이

맞닿아 있는 모양새였다.

현재 후쿠오카시는 전입 초과로 인해 현역 세대 인구비율이 다른 도시보다 높다. 35세 이하 창업률은 일본에서 가장 높고 아시아의 현관이라는 지리적인 이점과 훌륭한 사무환경 덕분에 일부러 후쿠오카로 옮겨와 회사를 세우는 사람들까지 있을 정도다. 물 부족을 해결하기 위해 시작한 도시 조성사업이 생각지도 않은 결과를 가져온 것이다.

그러면 도야마시는 일본의 포틀랜드가 될 수 있을까.

시가 먼저 예견한 것은 반대의견이었다. 아무리 공공교통을 축으로 한 콤팩트시티 만들기라고 표현해도, 달리 말하면 민간기업인 교통업자에게 재정을 투입하는 셈이었다. 당시는 고이즈미 정권의 도로공단, 우체국 민영화가 시행되던 때여서 세금을 쏟아부어 노면전차를 만든다는 구상은 시대에 역행하는 정책이었다.

낭비 아닌가.

그러나 걱정했던 비판은 거의 나오지 않았다. 어떻게 불만과 비판을 막을 수 있었을까. 모리 시장이 꾸린 시청 팀이 내세운 것은 '논리'와 '데이터'였다.

이득이잖아

콤팩트시티는 다음과 같은 사람들에게는 불공평하게 느껴질 수 있는 정책이다.

교외의 자연 속에서 육아를 하고 싶은 부부, 도심 아파트에서는 큰 개를 키울 수 없지 않느냐고 하는 사람, 회사의 권유에 따라 직장 근처에 살고 있는 사람들. 도야마시에서 내가 만난 사람들 중에도 "지은 지 80년 넘은 선대부터 살아온 집이 있는데 이주할 이유가 없지 않느냐고 직접 시장에게 말했다"는 사람이 있었고, 무엇보다 모리 시장 자신이 "우리는 배 밭 한가운데에 집이 있기 때문에 원래 불공평하다고 느끼는 쪽입니다."라고 말했다.

그럼에도 시장은 "교외에 사는 사람은 불공평하다고 느낄지언정 결코 교외 거주자를 부정하려는 것은 아닙니다. 이 정도로 하지 않으면 도시 확산이 멈추지 않기 때문입니다."라고 강조했다.

불공평하다는 느낌이나 낭비라는 비판을 잠재울 수 있는 방법은

'이득을 봤다는 느낌'을 주는 것이다. 설득을 위해 모리 시장이 먼저 들고 나온 것이 '쇠퇴를 막기 위한 세금 사용법'이었다.

도야마시의 세수는 약 703억 엔이었다. 그 중 절반 가까운 45.1퍼센트가 도시계획세와 고정자산세였다. 이 두 가지 세수는 어디서 나올까. 74퍼센트가 시가화市街化 구역에 나온다. 이 구역은 시 전체 면적의 5.8퍼센트에 불과하다. 구체적으로 말하면 중심 시가지의 면적은 시 전체의 0.4퍼센트밖에 되지 않는다. 이 0.4퍼센트 지역에서 고정자산세와 도시계획세 세수의 22.0퍼센트가 나오는 것이다.

도심지가 쇠락하면 땅값이 내려가고 시 전체 지가도 내려간다.

"중심부에 집중적으로 투자하는 것은 세금의 재투입이라는 관점에서도 합리적이며 효과적인 방법입니다." 모리 시장의 말이다. "중심 시가지에 거점 투자해 세수를 확보함으로써 중산간지의 특별보조 재원을 만들 수 있는 겁니다."

그렇게 해서 모리 시장이 중산간지 주민을 찾아다니며 설명을 하자 불만을 토로하던 사람들도 그의 논리에 수긍하기 시작했다.

다음으로 낭비라는 비판이 예견되던 경전철 신규사업에 대한 세금 투입 문제였다. 시장의 논리는 다음과 같았다.

"세금으로 만든 도로나 다리의 경우 교통업자가 그 위를 공짜로 이용하며 운임 수입을 얻고 있습니다. 그렇다면 도로 위에 세금으로 노면전차 궤도를 만들어 거기를 경전철이 달려도 되는 것 아닙니까."

얼핏 매우 억지스런 논리라는 생각이 들 수도 있지만 조금 더 강하

그림 4 도야마의 세수 구분
어떻게 설득할 것인가 1

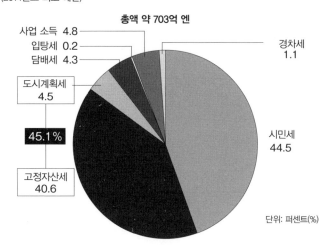

▍도야마시의 세금 유형
▍(2014년도 최초 예산)

총액 약 703억 엔

사업 소득 4.8
입탕세 0.2
담배세 4.3

도시계획세
4.5

45.1%

고정자산세
40.6

경차세
1.1

시민세
44.5

단위: 퍼센트(%)

▍고정자산세 도시계획세의
▍지역별 내용(2014년도)

	면적 대비 비율	고정자산세+도시계획세
시가화 구역	5.8%	74.0%
중심 시가지	0.4%	22.0%
기타	94.2%	26.0%

중심 시가지 집중 투자는 세금 회수 측면에서
합리적이고 효과적

(도야마시 자료)

게 치고 나가면 설득력을 얻는다. 모리 시장은 말한다.

"외딴 곳을 다니는 버스나 낙도 정기선에 세금을 투입하는 것에는 아무도 반대하지 않아요. 교통기관이 없으면 생활할 수 없기 때문에 재정 투입은 당연하다고 생각합니다. 그러나 이용자가 줄어들면 교통업자는 운행 편수를 줄입니다. 교통편이 적어지기 때문에 인구는 줄고 그것을 방치한 채로 두면 결국 노선은 폐지됩니다. 일본 전역의 지자체가 이러한 악순환에 빠져 있습니다. 도심도 실은 똑같습니다. 자동차에 의지할 수 없는 고령자가 점점 늘고 있습니다. 외딴 지역을 다니는 버스와 같은 논리로 교통 약자를 위해 세금을 투입하는 것이 야말로 타당하지 않느냐는 게 저의 논리입니다."

합의를 이끌어내기 위해서는 타당한 논리를 만들어내는 작업이 무엇보다 중요하다. 이런 논리로 도시계획의 '꼬챙이'에 해당하는 공공교통 관련 재정 투입을 이해시켰다.

두 번째로 '경단' 부분이다. 콤팩트시티는 조닝Zoning 정책이다. 존Zone을 만들어 주거지역에 사람을 이주시킨다. 시장 자신조차 '난폭한 정책'이라고 말하지만 이사를 하는 쪽이 '편리'하고 '이득'이라는 생각이 들게 하려면 역시 데이터와 논리가 중요하다.

편리함은 무엇일까.

슈퍼마켓까지 걸어서 갈 수 있다. 병원이나 의원도 걸어서 갈 수 있다. 공원, 도서관, 지역포괄 지원센터 같은 곳은 도보 몇 분 거리인가가 편리함의 가장 중요한 요소이다. 주민기본대장에 등재된 사람

그림 5 거주 추진지구 지원
어떻게 설득할 것인가 2

▌ **건설 사업자 지원**

1 공동주택 건설비 조성(호당 100만 엔)
2 우량 임대주택 건설비 조성(호당 50만 엔)
3. 업무 상업빌딩에서 공동주택으로 개조 비용 조성(호당 100만 엔)
4. 공동주택에 설치하는 점포, 의료, 복지시설 등의 정비 비용 조성
   (제곱미터당 2만 엔)
5. 디스포저 배수 처리 시스템 정비 비용 조성(호당 5만 엔)
6. 리모델링 보조(호당 30만 엔)

▌ **시민 대상 지원**

1 단독주택이나 공동주택 구입비 등 대출금 지원 비용(호당 50만 엔)
2 도심 지구로 이사할 경우 임대료 지원(3년 간 매달 1만 엔)

▌ 실적(2005년 7월~2014년 3월)
합계 702건 1,417호

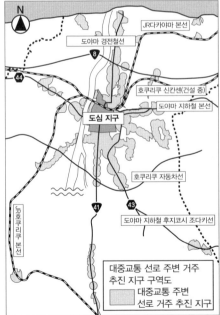

(도야마시 자료)

이 거주하는 주소를 무슨 동 몇 번지가 아니라 경도와 위도로 표시해서 65세 이상이 사는 주택 분포도를 만들었다. 이 지도로는 슈퍼마켓까지 걸어서 얼마나 걸리는지 알 수 있다. 슈퍼마켓까지 500미터권, 병·의원까지 500미터권 등 '거주 추진지구'를 알아낸다.

경전철역 인근 '선로변 거주 추진지구'에 슈퍼마켓이나 병원을 유치한 뒤, 이 지역으로 사람들이 모여들게 하는 것이다. 그렇다면 사람들을 어떻게 이주시킬까.

여기서 사용한 것이 '마을 속 거주 추진사업'을 이용한 보조금이다 (그림 5 참조). 가령 경전철역에서 500미터권 내에 공동주택을 건설한다면, 해당 사업자에게 가구당 100만 엔 혹은 일정액의 재건축 보조금을 지급한다. 시민에게도 같은 형태의 보조금이 나온다. 역이나 버스 정류장에서 일정 권역 내에 거주할 경우 3년간 매달 1만 엔의 월세 보조금을 지급하거나 권역 내 주택 구입자에게 50만 엔을 보조하는 식이다.

이렇게 해서 2014년까지 총 1,140건, 2,363개 주택이 추진사업구내로 이주했다.

발상전환!
어댑티브 전략

모든 행정정책에는 시민의 불만과 불평이 따르게 마련이다. 그렇다면 최대 다수가 만족할 수 있는 방법은 무얼까. '이득 봤다는 느낌'을 구체적 성과물로 제시해 현실적 선택지 가운데 어느 쪽이 타당한지 비교해보도록 한 뒤 실행하는 것이다.

그런 사례가 있다. 수해로 도야마시의 산간지역 다리가 떠내려가 버렸다. 세금으로 다리를 다시 만들려 할 때 시장은 "기다리라"고 말했다. 다리 건너편에는 노부부가 사는 집 한 채밖에 없다. 그 노부부의 아들 부부는 산 아래에 집을 지어 살고 있었다. "그렇다면 거액의 재정을 투입해 다리를 짓는 것보다 노부부의 집을 사서 그곳을 떠나도록 협상을 해야 한다"고 지시한 것이다. 그러나 아무리 설득해도 노부부는 옛날부터 살아온 집을 떠나고 싶지 않다고 말했다. 퇴거해라 못 한다, 다리를 세워라 세금 낭비다, 하는 소득 없는 줄다리가 될 뻔한 이야기지만 여기서 모리 시장은 발상을 바꿔 제안했다.

"종전 크기의 다리를 세우자니 세금이 낭비가 심하다. 노부부는 경트럭을 몰고 있으니 그 차가 지나갈 좁은 다리를 세우면 된다."

쓰는 데 불편 없는 크기면 충분하다는 논리였다. 너무도 당연한 이야기이지만 행정이나 기업에서는 이런 발상전환을 좀처럼 못 한다.

"불공평"이 화두로 올랐던 또 하나의 사례를 보자. 산장山莊 화장실 바이오화를 위한 보조금 지급 정책을 둘러싸고 논쟁이 벌어졌다. "개인 소유 산장에 세금을 써서 될 말인가"라며 시의회가 문제를 제기하자 모리 시장은 다음과 같이 말했다.

"의원 집의 화장실을 바이오화하는 데 보조금을 지급하지는 않겠습니다. 그렇지만 산장의 화장실을 깨끗하게 개선하면 가령 젊은 여성 등산족이 늘어나 시에 도움이 되지 않겠습니까."

같은 사유재산이지만 의원 집의 화장실은 개인이 사용할 뿐이어서 공적으로 아무 도움이 되지 않는다는 반론을 편 것이다. 이런 맥락에서 보면 경제효과를 만들어낼 보물을 두고도 '불공평함'이란 논리에 발목 잡혀서 방치하는 사례가 전국적으로 수두룩할 것이다.

환경에 맞춰 기존의 방법을 바꾸는 경영을 '어댑티브 전략'이라고 한다. 인테리어 제품을 만드는 이케아가 러시아에 출점할 때 주변 상업지역 지가가 오르는 것에 착안하여 몰 개발까지 동시진행해 큰 성공을 거둔 사례가 대표적인 '어댑티브 전략'이다.

도야마시의 전략은 합리적이었다. 시 전체에 공평하게 재정을 투입하는 대신 중심 거점을 매력적인 거리로 만들기 위해 집중적으로

그림 6 콤팩트시티의 효과 1

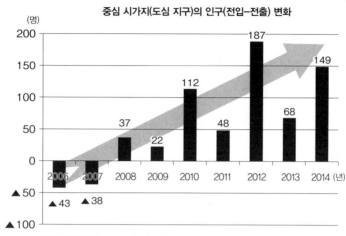

중심 시가지에서는 2008년부터 전입 초과를 유지하고 있으며
2014년에은 전년에 비해 초과 규모가 늘었다.

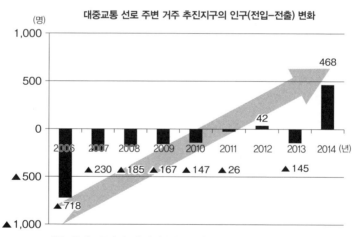

대중교통 선로 주변 거주 추진 지역에서는 전출 초과가 감소 경향을 보이며,
2014년에는 전입 초과가 되었다.

(도야마시 자료)

세금을 투입했다. 일정한 인구를 유도해서 민간투자를 촉진한 뒤 도심 지가를 유지했다. 그렇게 하면 도시 확산에 따른 미래의 시민 부담을 막을 수 있다. 부담을 없애 시민을 안심시키고 그것이 매력이 되어 젊은 세대를 불러들이는 것이다. 시장은 말한다.

"도심의 땅값이 떨어져버리면 시 전체가 쇠락합니다. 이를 막아야만 도시에 활력이 생겨 사람들이 모여듭니다."

이러한 설득과 유도 정책으로 2005년 28퍼센트에 불과했던 공공교통노선 주변 거주 촉진지역 인구가 8년 후인 2013년에는 32.2퍼센트로 늘었다. 사람 수로 따지면 1만 7,736명이 증가한 것이다. 이것을 2025년까지 약 42퍼센트 선으로 끌어올린다는 계획이다.

또 하나, 이 도시계획이 만들어낸 획기적 효과가 있다. '인구 유지력'이다. 도야마시도 다른 지자체와 마찬가지로 인구가 감소하고 있다. 2012년 4월부터 이듬해 3월까지 전국 평균이 마이너스 0.21퍼센트이고, 도야마시가 마이너스 0.20퍼센트이니까 평균치는 별 차이가 나지 않는다. 도야마시 인구 감소 유형은 고령화에 따른 사망자가 출생자보다 많은 '자연 감소'이다. 그런데 숫자를 잘 살펴보면 전출보다 전입이 많다는 사실을 알 수 있다. 전입 초과인 '사회 증가'이다. 게다가 24~40세까지 현역 세대가 시내로 전입하는 전입 초과이다. 학교를 졸업한 사람들, 일하는 사람들이 돌아온 것이다.

돈 벌고,
건강 벌고

　도야마 역을 중심으로 한 경전철 등 교통정책은 마치 나무의 가지에 꽃과 열매가 열리는 것처럼 부가적인 효과를 차례로 만들어냈다. 그것은 크게 세 가지다.

　하나는 돈이다. 놀랄 만한 숫자가 있다.

　매년 4월 도야마 시내 주요 5개 호텔의 외국인 투숙객 숫자 변화를 보여주는 그래프가 있다. 4월은 다테야마의 무로도에서 높이 20미터의 설벽을 가까이 보는 '눈골짜기 걷기' 행사가 열리기 때문에 어느 때보다 관광객이 많다. 2011년 4월 도야마 시내에 묵은 외국인 숙박객은 511명이었다. 지역별로 나눠보면 대만에서 온 관광객이 148명으로 가장 많았고 그 다음으로 한국, 중국, 태국 순이었다. 전체 숫자가 의외로 적은 것은 대다수 관광객이 시내를 지나쳐서 다른 관광지로 이동하기 때문이다.

　그러나 일년 후, 2년 후에 그 숫자가 엄청나게 늘더니 3년 후인

4월의 다테야마

2014년 4월에는 9,739명이 되었다. 무려 19배나 증가한 것이다.

단 3년 사이에 어떻게 숙박객이 19배 늘어난 것일까. 많은 숙박객을 끌어들이는 매력적인 이벤트라도 있었나? 아니면 새로운 유원지라도 만든 걸까? 둘 다 아니다.

생각하지도 못했던 경전철 무료권에 답이 있었다. 시가 외국인 여행객에 한해 1회 200엔인 티켓을 무료로 제공해 마음대로 탈 수 있게

　이토록 멋진 마을

일본의 지붕이라고 불리는 다테야마의 알펜루트는 한국인들에게도 널리 알려진 관광지이다. 매년 4월, 20미터에 이르는 설벽 사이를 걷는 행사가 열려 수많은 관광객을 끌어모은다.

한 것이다. 이 무료티켓 효과로 여행객이 도야마 시내를 그냥 지나치지 않고 1박을 추가하며 시내 관광을 시작한 것이다.

모리 시장은 큰 성공을 거둔 이 기획이 실은 베낀 것이라고 털어놓았다. "스위스의 바젤에 갔더니 외국인 여행자는 시내 전차가 무료였습니다. 저는 거기에 감동해서 혼자 하루 종일 시내를 보고 돌아다녔습니다."

사람이란 이상하다. 200엔을 큰돈으로 생각하지 않으면서도, 같은 값의 교통비를 '무료'로 해줄 경우 여행 일정 자체를 바꿔버린다.

돈을 내놓는 것은 외국인만이 아니었다. 65세 이상 고령자들도 지갑을 열기 시작했다.

도야마시가 구상한 '외출 정기권 사업'이 그 시발점이었다. 65세 이상 고령자가 노선버스, 경전철, 지방철도 등 교통수단을 이용해 시내 각지에서 중심 시가지까지 올 경우 1회 교통비를 100엔으로 책정한 것이다. 이 사업의 초점은 최종 목적지가 중심 시가지가 아니면 안 된다는 점이었다. 중심지까지 가지 않고 도중에 내릴 경우 이용자 부담액은 일반 교통요금 그대로가 되어버린다. 예를 들어 기후와 현 경계 등 먼 곳에서 시내까지 오는 데 일반 노선버스라면 1,060~2,600엔이 든다. 그렇지만 '외출 정기권'을 이용해 중심 시가지로 들어가면 100엔이다. 점점 더 중심지까지 외출하고 싶어지게 만드는 정책이다.

정책 시행 이후 변화를 감지한 시에서 조사·분석을 했다. '외출 정기권'을 이용한 경우 한 사람당 소비 금액이 많았던 것이다. 특히 휴일에 액수가 늘어났다. 조사결과 주로 식사비용이었다. 자동차 위주였던 운송수단을 공공교통 사용으로 유도하자 식사할 때 술을 마시게 된 게 그 이유였다.

게다가 당연한 결과이지만 중심지의 보행자 숫자가 점점 늘어났다. 2006년 이후 7년간 보행자 수는 17.9퍼센트 증가했으며 빈 점포 숫자가 2009년부터 2013년까지 1.3퍼센트 감소했다.

시에서는 다시 중심 시가에 지역 농산물을 판매하는 '특산물 총판점'을 열었고, 거기에 따른 데이터를 제시해 효과를 강조했다. 특산물 총판점 이용자 중 65세 이상이 50퍼센트를 넘은 것이다. 이 노인들 중 절반은 걷거나 자전거를 타고 가게를 찾는다. 또 이용자의 60퍼센트 이상이 일주일에 한 번 이상 찾아온다. 이것은 콤팩트시티가 얼마나 효과적인지 설득하는 자료가 된다.

멀리서 중심 시가지까지 2,600엔을 주고 오다가 100엔으로 오니 '돈 벌었다는 기분'은 '건강수명'이라는 목표에도 효과를 나타내기 시작했다.

'외출 정기권'을 이용한 65세 이상 노인이 정기권을 이용한 날 걷는 횟수는 평균 7,019보였다. 정기권을 이용하지 않은 날의 5,710보보다 평균 1,309보가 늘어난 것이다. 시는 쓰쿠바대학교 전문가의 계산을 이용해 그 효과를 이렇게 산출해냈다.

"한 걸음 추가로 걷는 데 따른 의료비 절감 효과는(건강 효과로 한 걸음당) 0.061엔입니다. 정기권 이용에 따른 하루 증가 횟수가 1,309보였기 때문에 이것은 하루 약 80엔의 의료비 절감에 해당합니다. 정기권 이용자 전체로 보면 하루 평균 2,591명이 이용하니까 20만 7,280엔의 의료비가 절약되지요. 이를 연간 금액으로 환산하면 약 7,560만 엔이 절감되는 셈입니다."

도야마시는 나아가 6세 이상 국민과 현민의 평균 걸음 횟수까지 비교해가며 시민들이 얼마나 걷게 되었는지 강조하고 있다.

그림 7 콤팩트시티의 효과 2

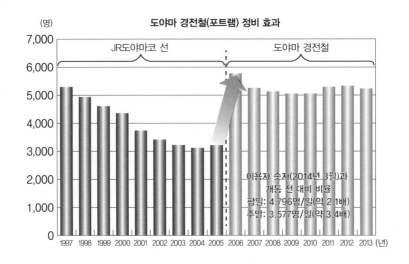

도야마 경전철(포트램) 정비 효과

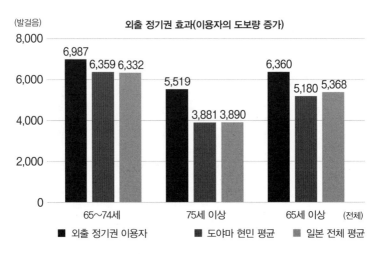

외출 정기권 효과(이용자의 도보량 증가)

이토록 멋진 마을

시는 중심 시가지에서 먹고 마시는 데 머물지 않고 정원을 만드는 사회간접자본 정비사업을 추진했다. 정원에서 지역공동체를 양성하려는 시험이었다.

모리 시장은 공공교통 투자에 대해 이렇게 말했다.

"알고보니 걷고 있는 도시 구조죠."

무료로 사람을 모으고, 그 사람들은 돈 벌었다는 느낌을 보너스로 얻는다. 프리Free+프리미엄Premium의 '프리미엄Freemium' 도시계획이다.

이렇게 행정을 하는 사람은 숫자를 사용해 공공교통 정책이 얼마나 많은 효과를 만들어냈는가를 강조하지만, '인구 감소'나 '지방 소멸'과 같은 어두운 미래를 생각하면 다음에 소개하는 세 번째 효과가 무엇보다 중요한 이야기이다.

바로 사람의 변화에 관한 것이다.

이야기의 시작은
꽃바구니였다

　도야마시의 정책을 하나하나 듣다보면 다른 도시의 것을 '훔친' 게 많다. 한 경영자는 다소 비꼬듯이 "도야마 사람은 부지런하지만 자주성이라든가 창의성이 없어요."라고 말한다. 그러나 이 세상에 순전한 창의성 같은 건 존재하지 않는다. 필요한 것을 베끼고 조합해서 독자적으로 진화하는 양상은 어느 나라나 마찬가지다.

　그러면 '지방 소멸'로 불리는 전국의 모든 도시가 베끼고 조합한 정책을 실행하면 문제가 해결될까. 그렇지는 않다.

　베끼고 조합하는 정책이 결실을 거두려면 무엇이 필요할까.

　도야마시가 세계적으로 주목받는 정책 중 하나로 임대자전거가 있다. 항구마을을 어슬렁어슬렁 걷고 있는데, 배낭을 짊어지고 카메라를 걸쳐 멘 젊은이가 빌린 자전거를 타고 맑은 하늘 아래 부두를 달리는 모습이 눈에 띄었다. 몸집이 큰 초로의 백인 부부가 자전거로 항구마을을 여유 있게 달리는 모습도 풍경의 일부가 되었다.

이토록 멋진 마을

임대자전거란 '자전거 시민 공동이용 시스템'에 따른 것이다. 중심 시가지 17곳에는 자전거 전용 보관소가 있다. 24시간 언제라도 자유롭게 빌리고 마음대로 반납할 수 있다. 이것은 바르셀로나에 있는 제도를 흉내낸 것이다. 모리 시장은 바르셀로나로 직접 가서 자신들이 모방해도 괜찮은지 확인한 뒤 이 제도를 시행했다.

또 하나, 도야마시를 걷다보면 바구니에 꽃다발을 담아 시내 여기저기에 매달아 장식한 풍경이 보인다. 이것 역시 유럽의 도시를 흉내내 도야마시에서 정책적으로 추진한 사업이다.

꽃으로 풍경을 연출해가면서 모리 시장 자신도 새로운 아이디어를 시험했다. 지정된 꽃집에서 꽃다발을 구입해 경전철을 타면 요금이 무료인 '꽃 트램 모델사업'이다. 시내 풍경을 꽃으로 가득 채워서 연출하겠다는 정책이었지만 초창기 시민들에게는 그다지 호응을 얻지 못했다. 그러나 도쿄의 방송사가 잇따라 취재를 오면서 각광을 받기 시작했다. 게다가 한 기업의 여성 임원이 시장실로 찾아와 "졌습니다. 이렇게 멋진 일을 하고 있는 도시에서 우리 사원들이 일하도록 하고 싶습니다."라며 지점 설치를 결정했다.

도시 풍경이 10년 전과 크게 달라지면서 어떤 일이 일어났을까. 바로 시민의식의 변화이다. 10년 전을 회고하던 시민 한 명은 "누구도 시가에 대한 애정이 없었다"고 전했다. 성 관련 호객 전단이 길거리에 흩어져 있고 사채업자의 포스터, 철사가 비어져나온 간판이 방치된 채 걸려 있었다. 이렇듯 지저분한 풍경을 누구도 바꾸려 하지 않았다. 그런 도시였다.

이 지역의 어느 경영자는 이렇게 말했다.

"비전도 없었지만 향토애는 입으로만 말할 뿐이었습니다. 미래를 생각하지 않았기 때문에 도시의 기능이 쓸데없이 교외로 확대됐고 중심부는 쇠락한 것입니다."

거리를 꽃으로 가득 채우고 경관을 깔끔하게 만들어가자 주민들이 자신의 손으로 도시를 정리하기 시작했다. 그리고 도시 만들기의 결정판이라고 할 수 있는 이야기가 만들어졌다.

시장은 연휴가 되면 성공이 보장되지 않는 아이디어를 훔치러 해외로 여행을 떠났다. 갑자기 생각이라도 난 듯 2박 4일 일정으로 함부르크를 찾는가 하면 포틀랜드, 밀라노, 시애틀, 헬싱키 등 생각이 닿는 대로 세계 각지를 다닌다. '세금 낭비'라는 비판이 나올 만한 행동이어서 이런 경우 시민단체가 시장의 비행기 좌석이 이코노미석인지 비즈니스석인지를 조사하는 것이 일반적이다. 그러나 비판은 일체 나오지 않았다. 이 대목이 가장 중요하다.

사실 시장은 해외 시찰에 세금을 쓰지 않는다. 시장의 개인후원회 사람들이 나가라면서 등을 떠밀기 때문이다.

"시장이 세계 각지를 시찰할 수 있도록 우리가 후원회비를 내고 있으니, 아까워하지 말고 돈을 쓰면서 아이디어를 얻어 돌아오시오."

좋은 도시를 만들고 싶은 시민들이 시장을 이용하는 셈이다. 도야

도시 곳곳에서 만날 수 있는 임대자전거 보관소와 꽃바구니들.

마의 사례를 듣다보면 얼핏 시장이 머리 좋은 독재자처럼 여겨질 수도 있지만 실은 머리 좋은 시민의 공복인 것이다.

그렇게 해서 베낀 최신 사례가 경전철이다. 콤팩트시티의 근간이 되는 '포트램'을 운영하는 도야마경전철 주식회사는 2004년에 설립되었다. 현과 시가 49.2퍼센트를 출자하고 50.8퍼센트(2억 5,300만 엔)는 민간이 출자하는 제3섹터 방식이었다.

알려진 대로 제3섹터는 국철 민영화 후 전국에서 채용된 교통사업 운영방식이지만 그 대부분이 적자로 경영위기에 빠져 있다. 그처럼 돈을 벌지 못하는 사업에 민간이 낸 출자액은 사실 앞서 말한 2억 5,300만 엔만이 아니다. 모리 시장의 설명을 들어보자.

"회사법에 따라 자본금이 5억 엔을 넘으면 대기업이 되어 법률상 규제나 규정의 통제를 받게 되고 그에 따른 인건비가 발생합니다. 그래서 자본금을 일부러 4억 9,800만 엔으로 줄였습니다. 하지만 시민들로부터 모은 돈은 그 이상이었습니다."

적자가 예상되는 제3섹터여서 배당 같은 것은 기대할 수 없는데도 불구하고 50.8퍼센트를 훌쩍 넘어서는 기부와 출자가 이어졌다. 전체 자본금과 맞먹는 액수여서 회사 바깥에 기금을 만들었다. 이 기금에 넣은 액수만 2억 엔에 이른다.

이렇게 지역 주민과 기업이 돈을 갹출해 들여놓은 포트램은 시내 경전철 철도를 달리는 지역 명물로 거듭났다.

모리 시장은 시청에서 '시민의 목소리를 들으라'는 격려문을 자주 돌린다. 이 정도는 흔히 듣는 이야기다. 하지만 모리 시장이 여기에 덧붙이는 단서가 있다.

"지금 시민의 목소리를 듣고 정책에 반영하는 것은 인기영합주의다. 30년 후의 시민 목소리를 의식하라."

가로축인 현재의 시민 목소리만이 아니라 현재에서 미래로 이어지는 세로축의 목소리를 들으라는 것이다. 그것이 미래의 시나리오를 그리는 토대가 된다. 그 토대 위에서 현재와는 다른 새로운 번영의 모습을 그린 뒤 시민이 돈을 갹출해 도시를 만드는 것이다.

이 시나리오의 초점은 '위기감'과 '비전'을 함께 이야기한다는 것이다. 그런 사업에는 '돈 벌었다'는 유인책이 있다. 이 모든 게 유기적으로 작동한 결과물이 도야마시의 미래를 위한 정책이라고 말할 수 있을 것이다. 물론 원동력은 도시에 대한 시민들의 자긍심과 향토애였다. 시장은 이것을 "시빅 프라이드civic pride"라고 일컫는다. 향토애가 시장조차 놀란 기부와 출자로 이어진 것이다.

지금까지 지혜로운 시장과 시장을 잘 이용하는 시민이 이뤄낸 지역 만들기를 소개했지만, 실력 있는 시장이 우연히 등장한 것만은 아니다. 좀 더 골목으로 들어가 일반 사람들의 행동을 살펴보자.

에도시대부터
이어진 공급사슬

그런데 지역 만들기에 이렇듯 열심히 기부하는 도야마 사람들을 막상 만나보면 자신들이 얼마나 가난한지를 자주 이야기한다. 나이 든 세대일수록 더 그렇다. 일본 본섬의 동해에 면한 아오모리현부터 야마구치현까지 기다란 해안선 중 공업생산고 1위가 바로 도야마현인데도 말이다.

도야마 사람들은 왜 이렇게 '가난하다'는 말을 자주 할까. 가가번加賀藩(일본 에도시대 가가, 노토, 엣츄 3국을 지배했던 초대형 번. 현재의 가나자와시 가나자와 성에 본거지를 두었다―편집자)에 대한 열등감 때문이다. 어느 시절 이야기를 하는 거냐고 반문하는 사람도 있겠지만 '가가 백만 석'이나 '작은 교토'라고 불리던 가나자와 문화에 대한 열등감, 나아가 핍박받던 시절의 피해의식이 아직도 도야마 사람들의 무의식을 지배하는 것이다. 특히 경영자들과 이야기를 하다보면 "가가번에 핍박을 받아온 탓에…."라는 결론으로 끝나는 일이 다반사다.

그런데 이 열등감이 만성적인 생활습관병을 만들어내는 대신 에도 시대에 벌써 전략적인 마케팅을 통해 지역경제를 창출하는 동력으로 작용했다.

먼저 도야마는 방문판매 전국 1위인 '도야마 약'으로 유명하다. 이 판매방식을 도야마가 처음 개발한 것은 아니다. 오사카·사카이의 상인이 중국인을 초청해 만들어낸 약인 '한곤탄反魂丹'을 도야마에서 만들어 팔게 된 데에는 2대 번주였던 마에다 마사토시의 역할이 결정적이었다.

애초 그가 도야마에서 약을 제조하도록 한 건 영지 사람들의 건강을 위해서였다. 이 평범한 정책이 꽃을 피운 것은 마에다가 산킨코타이参勤交代(에도시대에 일정 기간 주군이 머무는 에도를 오가게 함으로써 각 번이 막부에 반기를 들 수 없도록 한 일종의 볼모제도—편집자)로 에도성에 머물던 때다. 어느 날 지금의 후쿠시마현에서 온 미하루번 번주 아키타 데루스에가 복통을 일으키자 마에다는 몸에 지니고 있던 한곤탄을 건넸다. 그랬더니 격렬한 통증이 잡혔고 이 이야기로 성 안이 떠들썩해졌다. 산킨코타이 차 에도성에 머물던 여러 번주들은 "우리에게도 그 약을 팔아달라"며 다투어 요청을 했다. 이것이 약 판매의 시작이었다.

당시 재정난에 허덕이던 도야마의 번주 마에다는 약 제조 및 판매로 '지역 부흥'을 꾀해보자고 결심했다. 번을 벗어나 전국에서 행상을 할 수 있도록 특별히 허가한 것이다.

이야기가 여기서 끝나지 않는 것이 반전이다.

전국으로 흩어진 약 판매상들이 도야마에 가지고 돌아온 것은 '정보'였다. 전국 곳곳을 누비며 약을 팔면서 지역별 경제사정이나 물품 수요를 알아낸 것이다. 도야마에는 기타마에부네라는 운송선의 중간 항이 있다. 그 덕에 다른 번과 교류를 금지하던 사쓰마번조차 도야마와는 교류를 허가했다. 도야마에서 오는 기타마에부네가 에조에서 다시마를 운반해오기 때문이었다. 사쓰마번은 이 다시마를 중국에 밀수출하여 축재에 성공했다. 이것이 막부를 무너뜨리는 힘으로 이어진 것이다. 결국 도야마번의 약 판매업을 기점으로 하는 무역업이 에도 막부를 무너뜨리는 지원병 역할을 한 셈이다.

이뿐만이 아니다. 약 판매와 유통으로 돈을 번 도야마는 그것을 다음 산업으로 이어가기 위해 수력발전 사업에 나섰다. 댐을 만들어 에너지를 생산해낸 것이다. 에너지 공급이 공업을 발전시켰다. 호쿠리쿠전력 본사가 도야마시에 있는 건 이 때문이다.

가난하기 때문에 한 번의 성공을 지렛대 삼아 다음 사업으로 확장시킨다. 20세기의 경영학자들이 '공급사슬경영'이라는 개념을 말하기 한참 전인 에도시대부터 도야마는 중단 없는 아이디어로 지역경제를 일궈냈던 것이다. 그 원동력은 시빅 프라이드, 바로 향토애이다.

이와세에는 뭔가
특별한 게 있다

　흔히 마을 만들기에 성공한 필수요소로 꼽히는 것이 '젊은이' '외지인' '괴짜'가 있는지 여부이다. 옛날 가치관이나 관례에 집착하지 않는 사람을 투입해 조직을 활성화시킨다는 걸 의미한다.

　도야마의 경우 이 세 유형의 인물은 어디에 있는 것일까.

　도야마현은 2007년 '살고 싶은 곳, 도야마'라는 슬로건 아래 거주 촉진사업을 시작했다. '인구 감소, 고령화, 재정난'이라는 과제에 맞닥뜨린 전국의 거의 모든 지자체가 엇비슷한 사업들을 진행하고 있었기 때문에 유별날 것도 없었다.

　어느 날 도야마 현청에서 열린 사업 정례회의에서 공무원과 전문가들의 논의를 가로막기라도 하듯 키 큰 남자가 손을 들고 일어서더니 이렇게 말했다.

　"여기에 있는 여러분은 거주 촉진을 위해 누군가에게 도야마에 와서 살라고 권한 적이 있습니까? 권유받은 사람을 실망시키지 않을

이와세 간수이 공원

환경이 주변에 마련돼 있다고 보십니까?"

어린이가 다니는 학교, 사회인을 양성해내는 교육환경, 복지시설, 이웃과의 커뮤니케이션. 평생 살고 싶은 매력적인 곳이라고 자신 있게 세일즈 할 수 있는 공무원이 몇이나 될까.

이 질문을 던진 이는 주류회사 '마스다주조점'의 마스다 류이치로 사장이었다. 도야마시의 항구마을 이와세에서 3대째 가업으로 '마스이즈미' 청주를 만드는 젊은 사장이었다. 2006년, 당시 41세였던 그는 '이와세 마을 만들기 주식회사'를 설립했다. 그러자 전국에서 시

이토록 멋진 마을

멀리 공원을 가로지르는 후간 운하가 보인다. 1901년 만들어진 이 운하는 제 역할을 다한 뒤 흉물처럼 방치되기도 했지만 도시 재정비작업 후 도야마를 상징하는 공원으로 거듭났다.

찰하러 오는 사람들이 이렇게 물었다.

"어떻게 하면 마을 만들기를 할 수 있습니까?" "이와세처럼 하려면 어떻게 하면 됩니까?"

질문자 대부분에게는 공통점이 있었다. "어떻게 하면 좋은가?"라고 묻기만 할 뿐 아무것도 하지 않는다는 사실이었다.

특별한 관광지가 아닌데도 매일 관광객이 찾아오는 이와세는 역사적인 쇠락을 딛고 부활한 보기 드문 마을이다. 가업을 잇고 있는 토착 지역민 마스다가 '젊은이' '외지인' '괴짜'를 끌어들여 마을 만들기에 성공한 것이다.

　도야마 역에서 10~15분 간격으로 출발하는 포트램을 타면 불과 20분. 히가시이와세에 내리면 사람들이 왜 이 마을을 찾고 또 찾는지 단번에 알 수 있다. 그곳에는 도야마 역 주변과는 전혀 다른 공간이 펼쳐진다. 여유로운 부두, 끝간 데 없는 하늘. 대로에는 에도시대에 만든 창고와 운송업자들의 상가가 늘어서 있다. 중심가 양옆으로 줄줄이 늘어선 집에는 대나무로 만든 스무시코가 설치돼 있다.

　스무시코는 이와세 특유의 디자인으로 만든 대나무 격자창이다. 길가 호쿠리쿠 은행이나 카페, 담배 판매점, 식당, 휴게소도 같은 디자인으로 통일해 마치 과거로 들어간 듯한 느낌을 자아낸다.

　그러나 10년 전 마을 사진을 보면 지저분한 몰타르 벽과 무너진 창고, 빈 집투성이로 누가 보더라도 '수명이 다한 마을'이었다.

　"불과 몇 년 전까지 이 거리엔 러시아인과 들고양이만 있었지요."

　이 지역의 메밀국수 가게 '니우안'에서 그런 이야기를 들었다.

　이와세가 한창 번성한 시기는 에도시대부터 메이지 말기였다.

　과거 이 지역은 기타마에부네의 교역지로 번성해 운송선 업자의 상가와 널찍한 옛집들이 늘어서 있었다. 옛집 중에는 오쿠마 시게노부 등 메이지의 거물들이 시찰왔을 때 숙박을 위한 게스트하우스로 사용했다는 옛 영빈관이 있다. 해상무역 마을이자 사람들이 쉬어가는 거점이었지만 너무 이르게 전성기를 맞은 만큼 추락도 다른 지역보다 일찍 찾아왔다. 오랜 정체와 퇴락으로 공장 폐업과 축소가 이어지면서 이와세 지역 인구는 크게 감소했다. 고도성장기인 1975년 이와세 거주 인구는 8,365명이었지만 2005년에는 그 절반으로 줄어든 4,138명에 불과했다. JR도야마항선의 노선 폐지까지 결정되면서 거리는 급속하게 황폐해졌다.

"왜 하필 메밀국수 가게냐고요?"

　이와세가 부흥하기 한참 전, 쇠락해가는 이 거리에서 굳이 가게를 시작한 엉뚱한 사람이 있었다.

　1992년 부두 바로 앞 수산사업소와 그 창고를 개조해 만든 '덴카도'라는 양품점이었다. 1층은 잡화점, 2층은 창문을 통해 항구를 내다보며 커피와 카레라이스를 먹을 수 있는 가게였다. 바다와 하늘과 빈집밖에 없는 이곳에서 과연 가게 유지가 가능할지 사람들은 의심스러워했다. 그러나 가게 주인 시게마쓰 히데카즈에게 이상한 것은 자신이 아니라 주위 사람들이었다.

　시게마쓰가 경영하는 '덴카도'는 도야마시의 중심 시가지에서 1912년에 문을 열었다. 1948년생으로 덴카도의 3대 주인이자 북유럽의 질 높은 수입품을 수입해서 판매해온 그는 사람들이 자신의 콤플렉스를 감추기 위해 명품을 이용하는 것이 싫었다고 말한다.

　"와이셔츠도 가죽제품도, 저희 가게는 일찍부터 좋은 물건만 취급

해왔습니다. 그런데 버블경제가 절정일 무렵, 콤플렉스를 감추기 위해 명품을 찾는 사람들이 생겨나기 시작했습니다. 부유하게 보이려고 혹은 문화인처럼 치장하려고 물건을 보지도 않은 채 명품이라는 이름만으로 구입하는 풍조가 생긴 것입니다. '이건 아니다' 싶어서 은행 지점장과 의논해 약간 재미난 시도를 해보자고 의기투합했죠."

그것이 시대에 뒤처진 마을 이와세로 옮겨와 창고를 개조해서 양품점을 여는 것이었다. 그러니까 이와세라는, 바다와 하늘과 시간이 남아도는 곳을 '자장'으로 해서 새롭게 사람을 끌어들여 보자는 심산이었다. 단순히 소비재로 물건을 찾는 사람이 아니라 물건의 질을 평가할 줄 아는 사람을 대상으로 삼는다면 가능할 것도 같았다. 도심지가 아니라 하늘, 바다, 시간이 자원인 마을에서 '진짜 풍요라는 것은 무엇일까?'를 물으려고 한 것이다.

그리고 1992년, 덴카도에서 도보로 10분도 걸리지 않는 이와세 중심부의 '마스다주조점'에서 마스다 류이치로가 가업을 승계했다. 당시는 현 안팎에서 오는 손님을 맞느라 정신이 없었지만, 문득 돌아보니 그해에 상가 대부분의 가게가 문을 닫고 사라져 있었다고 마스다는 술회한다.

"우리는 술도가라서 다른 데로 옮겨갈 수도 없었습니다. 그렇다면 우리가 바뀌는 수밖에 없다, 두 팔 걷고 나서서 사람이 모이는 마을로 만들어보자고 생각한 겁니다."

마스다가 이 결심을 굳힌 것은 1995년이었다. 프랑스를 중심으로 유럽 와이너리를 돌아본 그는 그곳의 아름다움과 재미, 문화에 대한 지역 주민들의 자부심에 충격을 받았다.

이와세로 돌아온 마스다는 맨 먼저 메밀국수 가게를 열었다. 대로변 쇼와 초기 목재상의 좋은 건물이 빈 집으로 방치되어 있었다. 마침 수제 메밀국수집을 내고 싶은데 시가지 가게가 비싼 탓에 고심하고 있는 장인을 만났다. 마스다는 그에게 가게를 열어보자고 권했다.

왜 하필 메밀국수 가게였을까.

메밀국수 가게(뒤에 '니우안'으로 이름 지었다)야말로 사람을 끌어들일 맞춤한 소재라고 판단했기 때문이다. 마스다가 경험한 바에 따르면 메밀국수를 좋아하는 사람 중에는 지적인 것을 즐기는 부류가 유독 많았다. 그런 사람들이라면 가게 흙벽의 아름다움을 살려 개조할 경우 매우 좋아할 거라고 마스다는 생각했다.

"게다가 도야마에는 메밀국수를 먹기 전에 술 한잔 마시는 문화가 오랫동안 이어져왔습니다. 여기에 착안해 한 잔에 200엔짜리 차가운 청주를 준비해 손님이 직접 가져다 마시도록 했습니다. 수만 엔을 호가하는 요정에서 일본 문화를 느끼는 것보다 1,000엔으로 '아, 일본이란 나라는 참 아름답구나. 청주도 맛있고.'라는 느낌을 경험하게 만들고 싶었던 겁니다."

2001년 니우안이 문을 열었다. 목재상으로 쓰던 건물이라 공간이 널찍했고 안뜰도 딸려 있으며 그 앞으로는 바다가 보였다. 가게 주인이 기타와 피아노를 마련해 손님이 요청하면 노래도 불러주면서, 이웃마을 사람들까지 즐겨 찾는 명소가 되었다.

그해부터 마스다는 빈 집을 사들여 이와세 디자인을 적용한 복구 작업을 시작했다. 헌집을 100년 전의 건축으로 손질해 그것을 되판 돈으로 다음 부동산을 사는 식이었다. 그것이 마스다가 만든 '이와세 마을 만들기 주식회사'의 일이었다.

물론 마을 만들기는 한 사람의 힘으로 되는 것은 아니다. 이 과정에서 행정의 지혜를 이용했다.

보조금을 주는 데도
전략이 있다

　지저분한 시멘트 건물을 100년 전 양식으로 수리하기 위해서는 거기에 사는 사람의 동의가 필요했다. 1999년 이와세에는 '마을 만들기 협의회'가 생겨났지만 처음부터 주민들이 마을 재생에 열심이었던 것은 아니다. 뜨악한 감정을 내보이거나 마을 재생을 노골적으로 반기지 않은 사람도 있었다. 어떤 성과가 나올지 미지수일 때 사람은 좀처럼 무언가를 바꾸려 하지 않는다.

　이 문제에 대해 지극히 간단한 방식을 이용했다.
　3년 기간 한정으로 시가 보조금을 지급한 것이다. 이 정책은 소비세를 올리기 직전에 물건 구입이 몰리는 것과 비슷한 성과를 냈다. 보조금이 다음과 같은 방식으로 지급되었기 때문이다. 우선 3년의 첫해에 신청하면 수리금액 100퍼센트를 보조한다. 그리고 2년째, 3년째로 신청이 늦어질수록 보조금은 단계적으로 줄어드는 것이다.

"어차피 언젠가는 수리가 필요한 낡은 집이었어요. 선뜻 엄두를 못 내고 망설이던 참이었는데, 보조금이 전액 나올 때 수리하자고 아내가 말했죠." 주민 한 명이 이야기했다.

다만 그 보조금에는 조건이 있었다. 스무시코를 사용한 전통적인 건축으로 바꿀 것. 이렇게 해서 단번에 100년 전 마을 모습을 재현했다. 국가 중요무형문화재로 지정된 운송선업자 '모리가' 등의 옛집에 맞추는 형태를 취해 여느 사극 세트와는 비교도 안 될 정도로 역사적 풍취가 강한 마을로 변신한 것이다.

마을 만들기에 행정을 엮은 것은 영리한 선택이었다. 오래된 집을 증개축하는 데는 소방법이나 건축기준법 등 지자체 행정전문가의 도움이 절실했기 때문이다. 그러나 이야기는 여기서 끝나지 않는다.

거리에 흐르는
예술혼

마을 만들기가 성공할 수 있었던 핵심 요인은 두 가지였다.

하나는 지방이기 때문에 땅값이 싸서 비용이 그리 들지 않았다는 것. 두 번째는 재생의 중심인물인 마스다 류이치로가 안목 높은 인물이었다는 점이다. 그는 청주 판매를 위해 국내외를 폭넓게 여행한 사람이었다. 당연히 동서양 문화에도 정통했다. 단순히 마을 풍경만 되돌려놓았다면 '관제 사업'과 큰 차이가 없을 것이다. 틀을 되돌린 마스다는 이와세를 한층 재미나게 만들 예술을 도입했다. 앞서 말한 '덴카도'의 시게마쓰 히데카즈가 "마을 사람들의 무의식, 무신경에 영향을 끼치고 있다"고 말한 것과 같은 맥락이다. 마스다는 수리한 역사적인 건축물을 젊은 예술가들에게 팔거나 빌려주기 시작했다.

유럽에서는 '아티스트 인 레지던스'라는 명칭 아래, 미켈란젤로 시대부터 지금까지 예술가의 활동을 지역에서 후원하며 주민과 예술가가 소통하는 전통이 있다. 예술활동 후원이 지역 활성화로 이어지기

이토록 멋진 마을

때문에 다분히 공적인 사업으로 자리잡은 이 전통은 최근 미국이나 일본의 지방에서도 즐겨 차용한다.

하지만 이러한 예술 후원이 유럽에서만 이루어진 건 아니다. 에도 초기 교토에서 혼아미 고에쓰(에도시대 화가이자 서예가 도예가이다. 상감과 칠기를 혁신하고 다도에도 심취했다—편집자)가 예술마을을 열기도 했으며, 지금도 교토에서는 상업지역 빈 집을 예술가에게 대여하는 지역 진흥정책을 시행한다.

이와세에서는 창고를 개조한 공방에서 젊은 유리공예 작가가 작업을 시작했다. 도야마현은 일본 최초의 유리공예 공립학교인 '도야마 유리조형연구소'를 만드는 등 일찍부터 유리공예에 관심을 보였지만 이 지역에 작가가 정착하지 않아 어려움을 겪었다. 유리공예 작가의 공방에는 1,200도의 열을 내는 가마가 필요하다. 그러나 학교를 막 졸업한 신진작가는 가마를 갖춘 공방을 만들 만한 초기 자금을 모으기가 어렵다. 때문에 학교를 졸업한 학생들은 서둘러 출신지로 돌아갔다. 부모의 공방을 이어받기 위해서였다. 부모가 공방을 하지 않을 경우, 젊은 작가가 홀로 독립하기는 어려운 구조였다.

마스다가 데리고온 예술가 중에는 엣츄세토야키(아이치현의 세토시에서 생산되는 고급 도기를 통칭하며 일본 정통 도자기의 대명사처럼 쓰인다—편집자)를 굽는 도예가와 목조작가도 있었다. 그들은 널따란 역사적 건축물 안 작업장에서 스태프와 함께 바쁘게 작업에 몰두했다. 목조작업의 경우 예술품만 만드는 게 아니다. 그 공방에서는 란마라는 전통 문틀이나 나무로 만든 스가와라노 미치자네(헤이안시대 시인이자 정치가. 현재 학문의 신으로 받들어진다—편집자)가 공간이 비좁을 만큼 늘어서 있었다. 들어보니 도야마에서는 손자에게 목제 스가와라노 미치자네를 선물하는 관습이 있다고 한다.

이런 공방에는 갤러리도 마련돼 있어 마을을 찾는 사람들은 여느 관광지 선물가게와 달리 수준 높은 제품을 감상하고 즉석에서 구입할 수 있다.

물건만 만드는 게 아니다. 개조한 창고가 늘어선 한쪽에는 하루 한 팀 예약 손님만 받는 프랑스 식당이 있다. 요리사들이 냄비와 부엌칼을 손에 쥐는 주방과 커다란 테이블 하나만 놓은 큰 방으로 디자인되어 느긋하게 식사하며 시간을 보낼 수 있다.

'본질'을 추구하는 부둣가 가게 덴카도와, 에도시대로 돌아간 듯한 마을로 이주해 작업하는 공예작가들. 본질과 예술이 만나 강력한 '자장'이 된 것일까?

길을 걷다보면 한눈에 알 수 있다. 애써 관광지가 되려고 하지 않았음에도 이 공간을 체험하려는 사람들로 거리는 언제나 활기를 띤다. 나락에 떨어져 모든 것을 체념한 듯했던 곳에 생산공간이 들어서면서 마을이 극적으로 되살아난 것이다.

사랑보다 강한
자장은 없다

　지금까지의 이야기는 다소 교과서적이다. 안목 있는 '토박이'가 '외지인'과 '젊은이'를 불러모아 본질을 추구하는 방식으로 마을에 에너지를 불어넣었기 때문이다.

　그렇다면 '괴짜'는 누구였을까. 통상 마을 만들기의 '괴짜'는 토박이에게 없는 참신한 시각을 가진 사람을 가리킨다. 그런데 마스다가 내게 소개한 인물은 한눈에도 이와세 사람들에게 문화충격을 안겨줬을 만한, 그야말로 '괴짜'였다.

　지구의地球儀 모양을 머리에 쓰고 프란시스코 자비에르가 목에 걸었던 러프칼라를 두른 여성으로, 일명 '헤이세이 바보주의 운동'을 주재하던 톰스마 얼터너티브tomsuma alternative가 이와세로 이주해온 것이다. 보수적인 지역색 때문인지 그녀에게 거부반응을 보이는 주민이 적지 않았다. 톰스마는 아이누어로 '빛나는 돌'이라는 뜻으로 지구를 가리킨다. 홋카이도에서 태어난 그녀의 본명은 이시카와 가요이며, 유럽

톰스마 얼터너티브

아이누어로 '빛나는 돌'이라는 이름을 지닌 이 괴짜 아티스트가 도야마와 인연을 맺은 이후 도시는 많은 것이 바뀌었다. 오래된 마을이 새로 태어나려면 이런 괴짜가 들어와 낯설고 신기한 호흡을 불어넣는 게 필요하다. 아래 사진은 밀라노에서 가진 아트 퍼포먼스 장면.

이토록 멋진 마을

에서는 이미 몇 개의 상을 받은 현대미술의 재주꾼이었다. 그러나 현대미술 세계에서는 유명했을지 몰라도 시골의 옛날사람에게는 쉽사리 받아들여지지 않았다. 괴짜였기 때문이다.

"도야마와는 아무런 인연도 추억도 없었습니다."
머리에 쓰고 있던 지구의를 벗으며 톰스마는 말했다. 옷차림만으로는 '감당 불가능한' 여성이라고 생각하기 쉽지만 '지구의 언니'라고 놀림받는 그녀는 차분하고 상식적인데다 심지어 미인이었다.

아티스트가 되기 전에 그녀는 예술요법(아트테라피)을 공부했다. 독일에서는 국가자격증을 주는 분야였다. 그녀는 임상심리학과 지각심리학까지 이수하면서 '아트테라피의 가능성을 일본 실정에 맞는 새로운 시스템으로 개발'하자는 목표를 세웠다.

그녀가 아티스트로서 펼친 대표적 활동으로 도요타 등 대기업이 지원하는 '배달 아트' 교육프로그램이 있다. 다른 아티스트들과 함께 초등학교 '전학생'으로 등장해 아이들과 함께 학교생활을 하는 교육사업이다. 지구의를 뒤집어쓴 여성의 등장은 아이들에게 눈이 동그래지는 비일상적 충격이었다. 다이쇼 민주주의와 유사한 예술활동인 그녀의 '헤이세이 바보주의 운동' 기저에는 '러브love & 래프laugh'라는 테마가 깔려 있었다. 사랑과 웃음을 테마로 언뜻 바보처럼 보이는 일을 열심히 해나가는 과정에서 예술과 마을 부흥, 치유를 결합시키려 한 것이다. 웃음과 배려를 잃지 않을 때 우리는 정신적으로 여유가 생기며 상식적인 행동을 하게 된다고 그녀는 생각했다. 일본 내 지자체에서 초청받는 일도 점점 많아졌다.

그런 그녀가 도야마와 첫 인연을 맺은 것은 밀라노의 전시회에서였다. 2010년 아시아 대표로 뽑힌 그녀에게 도야마현 다카오카시에 있는 주물기업 '노사쿠'가 지원을 하겠다고 나선 것이다. 노사쿠는 400년 전통을 지닌 청동기 마을 다카오카에서 1916년 문을 연 회사로 본래 불교용품과 다기 등을 만들어 파는 소규모 업체였다. 그러다 인테리어 잡화부터 의료기구까지 사업을 확장해 국제화에 성공했다. 노사쿠가 톰스마를 지원해서 무슨 이득을 볼지는 알 수 없었다. 하지만 앞서 소개한 도야마 시장의 해외시찰 경비 제공이나 경전철 시민 출자 등과 궤를 같이하는, 지극히 도야마다운 이야기였다.

마을을 새로 만드는 데 '젊은이, 외지인, 괴짜'가 필요하다고 말했지만 황폐해진 마을에는 초대받지 않은 젊은이들이 먼저 오게 마련이다. 행패를 부리고 싶어 안달이 난 양아치들.

특히 매년 5월 이와세스와신사 춘계대제의 일환으로 진행되는 히키야마(제례에서 사용하는 장식을 한 수레—편집자) 축제 때가 되면 양아치들이 대거 몰려들었다. '싸움 축제'라고도 불리는 이 행사에서는 높이 4.5미터짜리 히키야마 13채가 줄지어 마을을 천천히 행진하면서 서로 부딪쳐 힘을 겨룬다. 외지에서 온 많은 사람들이 그 행렬에 끼어들고, 여기에 그저 행패 부리고 싶은 집단이 뛰어들면서 인명피해가 발생하기까지 했다.

토박이들은 "이것은 우리 축제이지 외지인에게 보여주기 위한 것이 아니다"라며 준비에만 몇 개월을 보낸다. 사람이 줄어서 마을이 황폐해지고 빈 집이 즐비해도 이와세 지역 13개 마을이 매년 각자의 히키야마를 만든다. 일년에 한 번 히키야마의 거대한 행등行燈을 만드는 데 왜 이렇게 열정을 쏟는 걸까. 요즘 시류와 도통 어울리지 않을 듯한 이 에너지를 제대로 설명할 수 있는 사람은 없다. 그러나 이런 현상은 전국 곳곳에서 흔히 볼 수 있다. 쇠락한 마을에서 일년에 한 번 있는 축제에 막대한 에너지와 돈을 쏟아붓는 현상을 도시 사람들은 이해하지 못한다.

덴카도의 카운터를 지키던 가게 주인 시게마쓰는 이렇게 말했다.

"축제에 대해 갖는 그 강렬한 마음이야말로 자기자신의 존재감을 드러내는 에너지죠. 이 에너지를 일본 말로 바꾸면 사랑이에요. 감상적인 사랑이 아니라 목숨이나 자부심과도 같은 것."

더 간단하게 말하면 향토애일지도 모른다.

그런데 초고령화의 파도가 밀려들면서 이 향토애가 한계점에 부딪히는 순간이 왔다. '다테몬'이라고 불리는 거대한 행등에 그림을 그릴 사람이 없는 마을, 다시 말해 히키야마를 만들 수 없는 지역이 나온 것이다.

히키야마를 만들지 못할 위기에 처한 후쿠라이정에 2011년부터 이

축제에 선보인 히키야마

매년 5월 열리는 이와세스와신사 춘계대제 때마다 나이든 마을 사람들은 히키야마의 거대한 행등을
밝힌다. 여러 달 동안 수고를 마다 않아야만 가능한 풍습, 그래도 사람들은 해마다 등을 만들며 향토애
를 다진다.

이토록 멋진 마을

주해 살고 있던 인물이 바로 톰스마였다. 여자미술대학 출신의 디자이너. 그녀가 붓을 들고 그림을 그리기 시작했다. 그녀가 도운 덕인지 후쿠라이정은 축제에서 상을 받았다. 게다가 이후 매년 수상을 하자 마을 노인이 그녀에게 이렇게 말했다고 한다.

"당신, 이 마을의 주민이 되지 않겠소?"

어? 지금까지는 주민으로 여기지 않았다는 거네…. 그녀는 쓴웃음을 지었다.

토요일 아침 덴카도 2층에서는 중장년 남성 두 명이 커피를 마시면서 전시해놓은 라이카 카메라에 대해 이야기를 했다. 부두에 아무도 없어도 덴카도에는 매일 누군가가 찾아온다.

톰스마로부터 도야마와의 인연을 듣고 있는데 가게 주인 시게마쓰가 '행복幸せ'은 원래 "仕合わせ"라고 써야 한다며 이야기를 시작했다.

"서로에게 봉사한다는 의미 그대로 자신이 할 수 있는 것을 누군가에게 나눠주어 '덕분에 도움이 됐다'고 기뻐하게 만드는 일이야말로 스스로의 존재가치를 증명하는 최고의 기쁨입니다. 경제 행위란 본디 이타적 행동이 자신에게도 이득이 되는, 서로를 지탱해주는 조화의 힘입니다. 시골이 좋은 점은 이런 노력을 할 여지가 아직 남아 있다는 것입니다. 그래서 저는 도야마시의 도심 재개발에 대해 이렇게 말합니다. 손익분기점이 낮은 것부터 시작하라고요. 생선가게나 채소가게처럼 개인 상점이 문을 열어 커나갈 수 있는 경제권을 만들자고 말이지요."

그래서 이와세의 무엇이 사람을 끌어들이는 자장이 된 것이냐고 물었더니 시게마쓰는 이렇게 말했다.

"만유인력의 법칙이지요. 자긍심이나 사랑 등의 에너지가 높으면 높을수록 질량에 비례해 인력이 작동하고 사람이 모이는 거예요."

이제 이 마을에는 낚시하는 중간에 식사하러 오는 커플이 있는가 하면 질 높은 물건을 사기 위해 멀리서 방문하는 손님까지 생겼다.

"좋아하는 여자가 있다면 지구 반대편까지 만나러 가겠지요? 마을 도 마찬가지입니다. 그리고 경전철이 이를 좀 더 편리하도록 도와준 셈입니다." 시게마쓰는 웃으며 덧붙였다.

이토록 멋진 마을

비데 보급률 전국
1위가 말해주는 것

　이와세라는 지역을 만끽하고 도쿄로 돌아온 뒤 대형 주택설비 회사의 부장으로부터 우연히 도야마 이야기를 들었다. 그가 이곳 이야기를 꺼낸 것은 과거 자신이 호쿠리쿠 지역을 담당했다는 사실 및 도야마와 후쿠이를 빼고는 '집'을 말할 수 없다는 이유에서였다.

　"인구가 감소하는 일본에서 신축 주택을 국민에게 공급하는 시대는 이제 끝났습니다. 국토교통성 주택국과 민간업계가 현재 공동으로 힘을 쏟는 것은 기존 주택 리모델링입니다. 교토의 상업지구에서 시작되었던 정책이지요."

　그에 따르면 교토는 30여 년 전부터 상업지구의 빈 집 대책을 시작했다고 한다. 빈 집을 방치하는 것은 안전상으로도 바람직하지 않다. 현재 일본에는 빈 집 급증이 사회문제가 되고 있는데 이 문제를 앞서 고민한 곳이 바로 교토였다. 그는 설명했다.

　"상가를 리모델링해 젊은 예술가에게 빌려준다든지, 외국인 숙박

시설로 사용하기 시작했습니다. 전체적인 공간미나 분위기를 망치지 않게 건물을 리모델링한 데서 멈추지 않고 '사람'이라는 소프트웨어까지 바꿔간 겁니다. 이것이 관광 자원이 되어 사람을 불러들이게 되었습니다. 도야마에 가셨다면 전통 문틀 생산이 활발한 그 지역에서 목조작가들이 활동하는 걸 보셨지요? 바로 그들이 리모델링한 옛날 집에서 작업을 함으로써 마을 자체가 되살아난 겁니다. 빈 집은 예술공간뿐 아니라 보육시설이나 데이케어 센터로도 활용할 수 있습니다. (보육원) 대기아동 문제가 사회적으로 대두되는 현실에서 빈 집을 활용할 경우 여성이 밖으로 일하러 가기도 쉬워지는 겁니다."

지금은 이렇게 말하지만 그가 도쿄에서 전근 갈 당시, 도야마는 영업에서 난공불락 같은 지역이었다고 한다. 도야마는 알루미늄 섀시를 만드는 YKK가 출발한 곳이어서, 주택 관련 사업은 YKK가 압도적으로 강했다. 그래도 주택산업으로서 도야마가 매력적인 것은 '집'에 어느 지역보다 돈을 많이 들이는 지역적 특성 때문이다.

도야마시의 세대당 실수입은 전국 평균보다 월등히 높다. 전국의 가구당 한 달 평균 실수입이 51만 8,506엔인 데 비해 도야마시는 61만 2,354엔이다. 9만 엔 이상 차이가 난다. 맞벌이가 많기 때문이다. 그런데도 소비지출은 전국 평균과 거의 같은 액수인 31만 8,000엔 정도이다.

하기야 모리 마사시 도야마 시장에게서도 비슷한 맥락의 이야기를 들었다. "도야마 사람들은 돈을 쓰지 않습니다. 그런데도…." 이렇게 운을 떼며 시장이 소개한 사례가 비데 보급률 전국 1위라는 데이터였다. 화장실을 비롯해 집에 들이는 돈이 많은 것이다.

왜 집에 돈을 쓰는 걸까. 호쿠리쿠 3개 현이 일본에서 3세대가 같이 살 수 있는, 그러니까 가족이 함께 살 수 있는 주택 한 채당 면적이 가장 넓다는 사실과 관련 있다.

앞서 소개한 주택설비 업체 부장은 이렇게 말했다.

"한 지붕 아래 3세대가 같이 사는 가정이 보편적이고, 한 가족 안에 제1~3차 산업 종사자가 두루 있습니다. 지역경제가 제대로 돌아간다는 증거지요. 모든 산업이 웬만큼 유지되는 겁니다. 게다가 1인당 소득이 높지 않더라도, 3세대 4명이 함께 일한다면 가구당 수입은 꽤 높아집니다. 제가 도야마의 공장을 관리하던 시절 가장 놀란 것은 사원들이 점심을 먹으러 집으로 간다는 사실이었습니다. 직장과 주거지가 거의 붙어 있다시피 했어요. 게다가 그들은 오후 4시에 일을 마치면 골프를 하거나 가족과 함께 놀러나가는 겁니다. 생활의 중심이 가족인 거예요."

외무성 엘리트 군단,
두 팔을 걷어부치다

호쿠리쿠에서 무대를 도쿄 가스미가세키의 외무성으로 옮겨보자.

외무성은 인구 감소나 지방 쇠퇴와는 전혀 관계가 없는 관청으로 생각하기 쉽지만 그렇지 않다. 그곳이야말로 현실을 바꿔갈 의지로 충만한 부처인데도 이런 사실은 중앙 언론에 거의 알려져 있지 않다. 어느 날 외무성 관방장실에 모인 관료 중 한 명이 감격한 어조로 내게 이렇게 말했다.

"이 기업가분들의 노력에 감동했습니다."

외무성이 기획한 특별 프로젝트부터 소개하자.

2012년 6월, 외무성의 한 사무실에서 그 장소에 어울리지 않는 집중 세미나가 일주일에 걸쳐 열렸다.

사무실에 모인 인물들은 총탄이 날아다니는 분쟁지역이나 해외 경제협상에서 분투한 이들, 그리고 지뢰가 잔뜩 묻힌 나라를 누비던 외교관들이었다. 외교전선에 있던 그들에게 내려진 새 임무는 지금까지 해온 일과는 180도 달랐다.

타깃은 외국 정부의 주요인물이 아니었다.

"영업팀을 만들어 일본 방방곡곡을 돌아다녀라."

영업 상대는 일본의 지방 중소기업 경영자들이었다. 세미나에서는 중소기업이 어떤지조차 잘 모르는 외무 관료들에게 "우선 관료라는 의식부터 없애라"는 의식개혁 주문이 떨어졌다.

"중소기업에서 걸려온 전화를 절대로 떠넘겨서는 안 된다"며 정중하게 대응하도록 요구받았고, 게다가 "의자에 앉아서 체크하지 말고 증권회사 영업사원처럼 직접 밖에 나가 중소기업 사람들 이야기를 들은 뒤 안건을 만들라. 영업실적 그래프를 만드는 것 같은 발상으로 임하라"라는 지시가 이어졌다.

도대체 외무성은 무엇을 하려던 것일까.

영업의 선두에 서서 전국을 누빈 고시카와 가즈히코 당시 국제협력국장은 이 프로젝트를 세우기 직전 아프리카에 머물면서 모종의 확신을 얻었다. 그것은 일본이라는 '간판'에 대한 해외의 시선이었다.

고시카와가 앙골라 주재 일본 대사로 부임하고 얼마 지나지 않아 리먼쇼크가 일어났다. 일본 경제가 위축되던 그때, 고시카와는 앙골라에서 엄청난 숫자의 중국인들을 보았다. 아침 안개가 드리운 공항에 쉴새없이 무리지어 들어오는 중국인 노동자들이었다. 이후 고시카와가 랜드 크루저를 운전해 광산자원이 묻힌 산악지역을 조사하러 갔을 때 그의 눈앞을 압도한 것 역시 중국인들이었다.

공산당 정부의 뒷받침을 받은 중국 기업이 아프리카를 석권하고 있었다. 아프리카 각국을 무대로 불꽃 튀는 경쟁을 벌이던 TV의 '지상파 디지털 방송' 역시 마찬가지였다. 중국 방식과 유럽 방식이 치열한 경쟁을 벌이는 와중에, 기술 측면에서 가장 나은 일본 방식은 각국의 채용 경쟁에서 줄줄이 탈락했다. 그런 상황에서 고시카와 대사는 '지상파 디지털 TV는 일본 방식 시스템을 채용해주면 좋겠다'고 설득하기 위해 앙골라 통신정보기술부를 드나들었다.

아프리카 국가들은 원래 유럽의 식민지였던 사정도 있어서 유럽 기업이 들고 온 '유럽 방식'을 정치적으로 받아들일 수밖에 없는 처지였다. 거기에 돈다발 공세를 펴는 중국 방식이 비집고 들어오는 형국이었다. 일본은 끼어들 틈조차 없었다.

그런데 어느 날 장관실을 찾아간 고시카와에게 부장관이 이렇게 말했다.

"우리 부는 대통령에게 일본 제품을 추천하려고 합니다."

반쯤 포기하고 있던 터라 고시카와는 옆에 앉은 대사관 직원을 보며 "이봐, 지금 일본 제품이라고 한 거 맞지?" 하고 확인할 정도였다. 앙골라 부장관은 선택 이유를 이렇게 설명했다.

"내전 중에 각국 정부나 기업들이 서둘러 철수를 했는데 일본 기업의 기술자만은 배낭을 짊어지고 전파탑 수리·관리를 계속해주었습니다. 그 믿음에 감명받아 일본 방식을 채택하고 싶습니다."

포탄이 오가는 상황에서도 신의를 지키며 수리를 계속한 일본인 기술자가 있었던 것이다. 이름도 알지 못하는 그 일본인의 목숨을 건 활동이 일본 방식 지상파 디지털 채택으로 이어졌다. 모처럼 생겨난 이 신뢰관계를 제대로 살려서 더욱 뜻 깊게 활용하고 싶었다.

이렇게 해서 만들어낸 것이 외무성과 JICA(일본국제협력기구)의 프로젝트 'ODAOfficial Development Assistance(개발도상국에 대한 정부 개발원조)를 활용한 중소기업 등의 해외활동 지원'이다. ODA 예산을 사용해 일본의 중소기업을 개도국이나 신흥국에 보내서 기업과 개도국을 동반 성장시키자는 아이디어이다.

고시카와는 말했다.

"ODA라는 것은 지금까지 다리나 항구, 도로 등 대형 인프라 개발 원조가 중심이었습니다. 그런데 여기서 좀 더 섬세한 원조를 할 수는 없을까 고민을 했어요. 기술이나 제품이 뛰어난 중소기업의 경우 수요를 만들어내면 그들에게는 큰 시장이 됩니다. 일본 기업의 뛰어난 기술과 제품을 개도국 개발에 활용하면 중소기업의 시장 개척 계기가 됩니다. 이것이 일본 경제 활성화로 이어지지 않을까, 생각을 한 것입니다."

일본 기업 중 중소기업 비율은 99.3퍼센트이다. 일본 경제 부활의 열쇠는 중소기업에 있다. 고시카와의 부하직원이었던 혼세이 고조 과장은 곧바로 조사를 시작했다. 어느 나라와 지역에 수요가 있는지, 거기에 맞는 중소기업은 어디에 있는지 말이다. 혼세이는 이렇게 말했다.

"중소기업이나 컨설팅회사를 직접 찾아 이야기를 들어보니 그들이 해외로 진출하고 싶어도 통역 등 인력 부족으로 어려움을 겪고 있었습니다. 시장조사 등을 대신해줄 인력이 필요하지만 대형 컨설팅 회사는 중소기업에 관심이 없습니다. 그러면 외무성이 어떤 식으로 측면 지원을 할 수 있을까 고민했지요. 그 결과 문부과학성과 손잡고 지방대학에서 개발경제를 연구하는 학자들을 찾아가 지역산업 컨설팅을 해보지 않겠느냐고 의뢰하게 된 것입니다."

해외로 나가고 싶어하는 야심 찬 기업에게 정부가 협상의 계기와 조사비용 등을 지원하는 것이다. 정부의 보조금 지급이나 ODA 사업과 다른 점은 잠재시장 개척 여부가 그 기업의 노력에 달려 있다는 사실이다.

외무성이 이 프로젝트를 내놓자마자 캄보디아 사정을 잘 아는 한 컨설턴트에게서 연락이 왔다.

"도야마에 재미난 회사가 있습니다."

이토록 멋진 마을

내수용 산업에는
미래가 없다

도야마시에 있는 정미기 제조회사 '다이와정기' 창업자 다카이 요시키 회장이 '두 번 다시 캄보디아에 가는 일은 없다'고 결심한 것은 20년 전의 일이었다.

그가 처음 캄보디아를 여행하던 1994년은 내전이 끝나고 얼마 되지 않을 때여서 그 전 해에 일본인 선거감시 자원봉사자와 문민경찰이 게릴라에게 피살된 사건이 일본에서도 크게 보도되었다.

"훈센 총리를 만나보지 않겠습니까."

여행 중 캄보디아에서 사업을 하는 일본인 친구가 이렇게 권했다. 시키는 대로 지극히 평범한 주택가로 갔더니 무장경관이 경비를 서는 민가 현관에 서서 기다리는 사람이 있었다. 당시 42세의 훈센 총리였다.

호리호리하고 말수가 적은 학자풍의 훈센 총리는 "전 세계 총리 중에서 가장 사격을 잘 하는 사람은 저일 겁니다."라며 미소를 지었다.

과거 크메르루즈 군의 지휘관을 지냈고 뒤에 폴 포트의 숙청을 피해 도망쳐 사선을 넘나들던 사람이다. 점잖은 모습이지만 다카이는 그에게서 형용할 수 없는 능력과 국가 재건을 위한 비범한 열정을 느꼈다.

응접실 소파에 천천히 앉자 훈센은 다카이에게 말했다.

"캄보디아의 부흥에는 장벽이 있습니다. 무엇보다 식량자급과 안정적인 생산이 절실한 상황입니다. 이를 달성하기 위해 관개와 농기구 기술 원조가 필요합니다."

다카이는 자사가 자랑하는 최고의 정미기 브랜드를 캄보디아 모델 농촌인 '훈센촌'에 기증하겠다고 약속했다. 당시 가격으로 1,000만 엔짜리 기계였다. 결코 싼 값이 아니었지만 맛있는 쌀맛을 낸다고 자신하는 정미기였다.

그러나 1996년 기증식에서 있었던 일을 회상하면 아직도 얼굴이 화끈거린다고 그는 말했다.

"정미기에 넣은 쌀이 부서져버린 겁니다. 일본의 자포니카(쌀품종 중 하나. 모양이 둥글고 굵은 단중립형이며 끈기가 있다―편집자)와 달리 세계의 80퍼센트는 얇고 긴 장립종 쌀입니다. 그것을 고려하지 못한 겁니다. 일본에는 장립종 쌀 정미기가 없습니다. 정미는 쇄미율碎米率이라고 해서, 쌀을 부수지 않는 정도에 따라 맛이 좋아지죠. 쇄미율이 낮은 정미기를 개발해왔다고 자부해온 저로서는 부끄럽고 한심해서 달아나버리고 싶은 기분이었습니다."

그러나 마을 사람들은 전혀 신경 쓰지 않는 모습이었다. 정미기로 만든 백미를 보고 "하얘졌으니 그걸로 됐습니다."라면서 미소지었다. 마을 사람들의 이런 반응이야말로 캄보디아 농촌이 빈곤에서 벗어나지 못하는 원인이라고 그는 생각했다.

캄보디아 농촌에서는 모를 심고는 결실을 볼 때까지 아무것도 하지 않는 경우가 많다. 농업기술이 보급되지 않았을 뿐 아니라 정미기술도 낮다. 때문에 수확기에는 베트남과 태국 상인이 와서 터무니없이 가격을 후려쳐 벼째로 사간다. 비공식으로 베트남과 태국에 가져간 캄보디아 쌀이 '베트남 쌀' '태국 쌀'이라는 이름으로 바뀌어 유통되는 것이다.

캄보디아에는 영세 정미소가 있지만 쇄미율이 높아 품질이 떨어지는 바람에 그리 높은 가격을 붙일 수 없다. 그리고 벼를 저장하다 보면 우기에 곰팡이와 병충해의 영향을 받아 품질이 떨어진다. 쌀 생산이 본격적으로 상업화하지 않는 배경에는 이런 문제가 있었던 것이다.

다카이의 사위로 현재 다와이정기 사장인 다카이 료이치는 이렇게 말했다.

"가령 벼째로 100엔에 파는 것보다 높은 정미기술로 부가가치를 붙여 일년 내내 백미를 200엔에 파는 쪽이 낫습니다. 하지만 그걸 설명해줘도 눈앞의 100엔을 선택해버립니다. 이렇게 해서는 농업기술 향상이 어려우니 농협을 만들어 집단으로 기술향상을 꾀하는 쪽이 좋습니다. 그러나 캄보디아에는 폴 포트 시절 대량학살의 트라우마가 있어서 집단으로 작업하는 것을 두려워합니다."

이런 식으로 간다면 캄보디아 농민의 행복은 요원하다. 다카이 회장은 그런 걱정을 했지만 장립미를 부숴버렸다는 창피함을 떨쳐버릴 수가 없었다. 그 실패가 오랜 기간 그를 캄보디아에서 멀어지게 한 것이다.

그렇다면 다이와정기가 다시 캄보디아에 열정을 쏟아붓기로 마음을 바꾼 계기는 무엇일까. 쌀에 대한 집념과 시대 변화가 있었다. 여기에 이 책의 주제이기도 한 인구 감소와 산업 사양화를 어떻게 극복할까라는 물음에 힌트가 숨겨져 있다.

다카이 회장은 1976년, 41세 되던 해에 샐러리맨 생활을 접고 창업했다. 정미기 제1호를 설계·개발한 곳은 조립식 가건물이었다. 이 정미기의 최대 특징은 '저온 정미'였다. 정미는 단시간에 이루어지기 때문에 마찰열을 피할 수 없다. 이 온도상승이 쌀의 맛을 떨어뜨리는 원인이 된다. 온도에 주목한 다카이는 정미 중 상승 온도를 11도까지 낮추었다.

뛰어난 기술을 개발했지만 바로 성공한 것은 아니었다. 트럭에 샘플 기계를 싣고 도호쿠에서 간사이까지 팔고 다녔다. 여관에서 자며 다니는 생활이었다. 자금도 없고 신용도 없었기 때문에 쉽게 팔리지 않았다. 다이와정기가 궤도에 오른 데는 두 가지 비결이 있다.

먼저 영업 거점을 바꾼 것이다. 쌀 산지인 니가타에 갔을 때, 그곳 농기구 판매점 대부분이 지역은행인 다이시은행과 거래하고 있다는 사실을 알았다. 그는 곧바로 다이시은행에 계좌를 튼 뒤 은행강습회에서 "다이와정기라는 회사는 상당히 견실하다"라는 한마디를 해주면 좋겠다고 은행에 부탁했다. 은행을 끌어들이는 전략으로 다이와정기는 니가타를 거점으로 영업을 전개했다. 영업 거점을 바꾼 뒤 회사는 안정궤도에 올랐다.

다음으로 미래를 향한 시나리오를 만들었다. 창업 4년째인 1980년. 그는 다가올 시대를 내다보며 고민에 빠졌다. '정미기만 만들어서는 먹고 살 수 없는 시대가 곧 온다.' 1970년대부터 경작지 축소정책이 시작되고 이미 쌀이 남아도는 시대에 접어든 것이다. 그 무렵부터 다카이는 이렇게 말해왔다. "앞으로 식량관리법은 사라지고 농가는 농협을 통하지 않고 스스로 쌀을 파는 시대가 올 것이다. 그렇게 되면 틀림없이 쌀의 품질이 중요해진다."

말하자면 소비자가 먼저 맛있는 쌀을 찾을 거라는 확신이었다.

대다수 농가는 다카이의 이야기를 귀담아 듣지 않았지만 그의 말에 공감하는 부류가 있었다. 일명 '암거래 쌀 상인'이라고 불리는, 식량관리법 반대 농가들이었다.

식량관리법 아래 정부의 경작지 축소정책을 따라야 했던 당시에는 규정된 유통경로가 아니면 쌀을 판매할 수 없었다. 그런데 자체 유통·독자 판매를 목표로 하던 암거래 상인들이 가게에 정미기를 두고 정부의 관리를 받지 않은 채 독자적으로 '맛있는 쌀'을 소비자에게 직접 팔겠다고 나선 것이다.

그런 사람들이 다카이에게 의뢰를 해왔다.

"가게에 놓을 수 있는 작은 크기로, 값도 싸고 소음이 적은 정미기를 개발해주시오."

개발기한 3개월, 가격은 55만 엔 이하. 여성이 좋아할 디자인으로, 당연히 맛은 최고로 내는 제품을 만들어달라는 주문이었다.

다카이는 식량관리법이 언젠가 없어지고 자유롭게 쌀을 판매하는 시기가 도래할 거라고 확신했지만, 이 미래 예측은 리스크를 동반한 것이었다. 식량관리법 위반혐의로 체포되는 것 말이다. 남보다 앞선 투자에는 리스크가 따르게 마련이지만 구속된다면 대가가 크다.

1993년 4월, 다카이는 리스크를 감수하기로 결정했다. 암거래 상인이라고 불리는 '자유미' 농가의 의뢰를 받아들인 것이다. 의뢰받은 제품을 3개월 내에 완성했더니 NHK의 '오하요おはよう 일본'이 암거래 상인을 보도하면서 다이와정기의 정미기까지 소개를 했다.

"드디어 체포인가." 그는 각오했다.

그런데 NHK 방송을 타자마자 전국에서 해당 제품 주문전화가 쏟아졌다. 새로운 시장이 생겨난 것이다. 그는 소비자가 직접 취급하는 '코인 정미기' 분야에 뛰어들어 황금기를 만들어갔다. 다와이정기의 코인 정미기가 폭발적으로 팔린 것은 사용한 뒤 남은 쌀을 완전히 제거하는 획기적 '잔미 제로' 기술 때문이었다.

그해는 여름 저온현상으로 인해 전례 없는 쌀 부족 사태를 겪으며 외국산 쌀을 긴급 수입하고, 태국 쌀이 노상에 버려지는 사건이 발생하면서 '쌀'이 연속적으로 화제에 올랐다. 호소카와 정권이 쌀 부분개방과 식량관리법 개정을 단행하면서 생산자와 유통업자에게 전환점이 된 해이기도 하다. 동시에 적잖은 리스크를 감수하며 신제품을 만들어낸 다카이에게는 번영의 발판이 된 해였다.

2010년 라이온스클럽 일로 다카이는 15년 만에 캄보디아를 방문했다. 한밤중 공항에 도착해 마중나온 사람을 본 다카이는 엉겁결에 소리를 질렀다. 과거 훈센 총리를 만날 때 일본인 친구가 데리고 왔던 통역이었다.

"우연히 다시 만난 그가 내 마음에 불을 지폈습니다." 다카이는 당시를 회상했다. "장립종 쌀 정미법을 새로 연구해보자고 생각했습니다. 현지 쌀을 일본에 수입하는 것은 불가능했기 때문에 프놈펜 교외에 장립종 쌀 연구시험소를 설립했습니다. 일본인 기술자를 두고 시간당 1톤을 정미할 수 있는 기계 개발을 시작한 겁니다."

내구성 시험까지 반복해 일년 뒤에 정미기 개발에 성공했다.

2012년 다카이가 사장인 사위와 함께 캄보디아 총리실을 방문했을 때의 일이다. 훈센 총리는 다카이의 얼굴을 보자 "아!" 하고 탄성을 냈다. 18년 전 기술 지원을 요청했던 훈센이 그를 기억한 것이다. 총리는 옆에 서 있던 8명의 관료들에게 다카이를 소개했다.

훈센은 그에게 새로운 부탁을 했다.

"농협도 만들어주면 좋겠어요."

훈센은 국가 기간산업으로 쌀 생산·수출을 목표로 하는 '라이스 정책'을 세운 터였다. 따라서 농협 조직이 급선무였다. 다카이는 머리를 싸맸다. "우리는 정미기 제조회사일 뿐, 농협 구성을 직접 할 수가 없었습니다."

그러나 일본 국내용 영업에만 머물 수는 없었다. 일본의 쌀 소비량은 계속 감소하고 있었다. 일본인의 1인당 쌀 소비량뿐 아니라 인구자체가 줄고 있었다. 내수에는 장래성이 없었다. 시대가 변한 것이다.

그런 다카이에게 기회가 찾아왔다. 앞서 말한 외무성 JICA가 실시한 중소기업 지원사업이 그것이다.

다카이 료이치 사장은 이렇게 말했다.

"지금 우리는 캄보디아에서 두 가지 사업을 하고 있습니다. 하나는 시간당 3톤의 정미가 가능한 정미기 제조와 판매입니다. 수출용 쌀을 생산하는 데 필수인 정미기를 상업적으로 팔고 있습니다. 그리고 또하나가 ODA 프로젝트의 일환으로 시간당 1톤을 처리하는 소형 정미기를 제조하는 것입니다. 이것은 농촌의 생활수준을 높이는 것이 목표로, 농가가 직접 쌀을 팔 수 있도록 자립을 지원해 농협 구성으로 연계시키는 겁니다."

일본 외무성이 측면 지원을 한다고는 해도 과정은 험난하다. 경쟁자는 베트남제와 중국제 정미기이다. 다이와정기보다 성능은 떨어지지만 값이 싸기 때문에 인기가 있다.

다카이 사장은 말을 이었다.

이토록 멋진 마을

"현재 정미기 부품의 50퍼센트는 일본에서 조달하고 있습니다. 태국과 베트남 부품이 45퍼센트이고 현지조달 부품은 5퍼센트에 불과합니다. 캄보디아의 산업은 신발과 봉제 정도로, 아직 그 뿌리가 내리지 않았습니다. 그러나 저는 이렇게 말하곤 합니다. '베트남에 벼를 싸게 팔고 싶지 않아서 현지 정미를 하는 것이라면, 정밀도가 떨어지는 기계로는 결코 비싸게 팔 수 없습니다. 나쁜 방식을 반복해서는 발전할 수 없습니다'라고요."

다카이는 훈센에게도 이렇게 말했다.

"우리가 만드는 것은 메이드 인 캄보디아 정미기입니다. 캄보디아 쌀 브랜드를 세계에 알려갑시다."

현재 캄보디아는 1인당 국민소득이 동남아시아국가연합ASEAN 중 하위 세 번째이다. 폴 포트 시대의 대량학살 트라우마를 벗고 일어서기 위해서는 정미 수출로 성장하는 길밖에 없다.

캄보디아 정부는 지금 정미 수출 100만 톤을 목표로 하고 있다.

세계의 멘토가
되어라

외무성이 주목하는 또 다른 업체도 호쿠리쿠 이시카와현에 있는 회사이다. 이 기업의 이름은 몰라도 후쿠시마 제1원전에서 일어난 오염수 누출 위험은 알 것이다. 당시 상공에서 촬영한 탱크 가운데 오염수가 전혀 새지 않은 탱크들이 있었다.

원자로를 냉각시킬 때 발생하는 방사능 오염수는 하루 약 400톤. 높은 지대에 강판제 저장용 탱크를 급히 설치했지만 강판의 이음새에서 오염수가 새어 지하수로 스며드는 심각한 사태가 일어났다.

그러나 이 지역의 한쪽에 있는 파란색 탱크 370대에서는 오염수가 단 한 방울도 누출되지 않았다. 이 탱크를 만든 회사가 이시카와현에 본사를 둔 다마다공업이다.

다마다공업의 젊은 상무 다마다 요시히사가 우치사이와이초의 도쿄전력 본사에 들이닥친 것은 2011년 3월 말이었다.

도쿄전력 앞에는 TV 방송사의 중계차가 늘어서 있었고 1층 로비는

이토록 멋진 마을

기자와 정부 당국자로 발 디딜 틈이 없었다. 당시 연일 보도된 뉴스는 방사능에 오염된 냉각수가 바다로 흘러 들어간다는 내용이었다. 시즈오카시가 거대한 인공구조물로 운반하겠다고 나서고 미국 정부가 작은 탱크 선박을 제안했지만 뾰족한 해결책이 없는 상황에서 국민의 불안과 분노는 절정에 다다르고 있었다.

'왜 우리 회사에 연락이 오지 않을까.' 신바시의 영업소에 와 있던 다마다는 바로 앞 도쿄전력 본사의 혼란스런 모습을 지켜보면서 생각했다. 다마다공업은 후쿠시마와 가시와자키 원전에 방수탱크를 납품하고 있었다. 그러니까 도쿄전력의 거래처였다.

이 회사는 주유소 지하에 가솔린 등 위험물을 저장하는 'SF 이중벽 탱크'로 전국 시장점유율 1위를 자랑한다. 'SF'는 'steel(철)'과 'FRP(강화플라스틱)'을 의미한다. 탱크가 이중벽인 동시에 누출감지 모니터가 미묘한 누출을 탐지해 버저로 알려주는 구조다.

'사회를 지하에서 지탱한다.'

다마다공업이 표방하는 사시社是이다. 국가 존망의 위기에 그들의 자랑스런 기술을 사용하지 않을 이유가 없다. 빨려 들어가기라도 하듯 자연스럽게 도쿄전력 본사로 간 다마다는 직원에게 찾아온 이유를 말하기 시작했다.

다마다공업은 원래 호쿠리쿠 3개 현에서 영업하는 지방기업에 지나지 않았다. 다마다 상무가 설명했다.

"1991년 현재의 사장이 취임하기 전까지 우리 회사는 호쿠리쿠 3 개 현에서 주유소 건축시공과 유지관리를 주업으로 삼았습니다. 그러나 소방법 개정으로 회사는 벼랑 끝에 내몰렸습니다."

호쿠리쿠의 일개 지방기업이었던 이 회사가 전국 수위로 뛰어오른 것은 앞서 다이와정기처럼 법률 규제라는 역풍을 맞은 것이 계기였다. 1993년 고객인 모빌석유의 담당자가 충격적인 이야기를 했다.

"조만간 소방법이 개정돼 강화플라스틱FRP을 사용한 저유貯油탱크가 인가됩니다. FRP로 작업을 하지 못하면 더 이상 거래를 계속할 수 없습니다."

FRP는커녕 철제 'SS 이중벽 탱크'만 만들고 있었던 다마다공업은 거금을 투자해 공장을 세웠다. 철을 녹슬지 않게 FRP로 둘러싸는 저유탱크를 만드는 기술은 그때까지 일본에 없었다. 일본의 주유소 탱크는 동네 철공소에서 만들 수 있는 철제 탱크가 주류였다. 그런데 안전 규제가 엄격해지고 소방법이 개정되면서 지하에 매설하는 이중벽 형태를 요구받은 것이다. 게다가 석유회사는 FRP를 원했다.

"이대로는 회사가 망한다."

사장과 기술자들은 SF 이중벽 탱크의 선진국인 미국으로 날아갔다. 그러나 시찰한 3개 회사가 기술 특허를 갖고 있었기 때문에 거금을 주고 라이선스 계약을 하지 않으면 안 되었다. 귀국한 그들은 독자적인 공법을 연구해 직접 특허를 내는 길을 선택했다.

다마다의 설명이 이어졌다.

"철로 탱크를 만들 때는 용접에 불을 사용합니다. 그러나 FRP는 휘발성 위험물이어서 제작공정이 서로 맞지 않습니다. 고심 끝에 우리가 개발한 것이 철 탱크를 회전시키면서 스프레이로 FRP를 뿌려 붙이는 기법이었습니다."

현재 JX닛코닛세키에너지 같은 석유 판매회사가 경영하는 모든 주유소에서 다마다공업 제품을 사용하고 있다. 법 규제를 역이용해 약진한 것이다. 그렇다고 안심할 수는 없다. 이제 시대 변화라는 거대한 위기가 들이닥치고 있다.

"재작년 6만 곳이던 주유소가 3만 5,000곳으로 줄었고 이 추세는 계속될 겁니다. 게다가 주유소들은 차별화를 위해 1엔이라도 싸게 팔려고 합니다. 돈벌이가 되지 않는 구조로 변해가는 거죠. 이미 국내 시장 축소는 피해갈 수 없습니다."

그래서 해외로 눈을 돌려보니 태국, 인도네시아가 자동차 사회로 탈바꿈하고 있었다. 특히 베트남은 매년 휘발유 수요가 급증했는데 고속도로 등 인프라가 아직도 정비되지 않아 주유소 보급은 당분간 증가할 것으로 예상된다. 그렇다고 이야기가 마냥 간단한 것은 아니다.

"어느 나라나 에너지 안정공급이라는 관점에서 석유 유통 인프라는 국영이거나 군영기업이 갖고 있습니다. 그러니 우리 탱크를 사달라고 가서 말할 수가 없습니다."

그리고 베트남제 탱크는 일본 제품과 비교하면 가격 자릿수부터 달랐다. 저가인 베트남제 탱크를 매설할 경우 지하에 휘발유가 새서

우물이 오염되는 등 지역민에게 심각한 환경 피해를 준다. 그래도 베트남 시장은 값이 싼 자국 탱크를 선택한다. '일본제는 기술이 뛰어나다'는 판매문구 따위는 통하지 않는다.

넘어야 할 벽은 비용이지만 다마다공업은 '교육'에서 해결의 길을 찾았다. 앞서 말한 다이와정기와 같은 논리다. 일본 기업이 살아가는 길은 '멘토'가 되는 것뿐이다. ODA 지원사업에 나선 다마다공업은 베트남 최대 석유회사 '페트롤리멕스'에 기술을 무상지원하는 것부터 시작했다.

"우선 페트롤리멕스와 제휴해 수출형 현지법인을 만든 뒤 확실한 흑자를 목표로 일본에 판매했습니다. 베트남 내 판매는 장기전략으로 잡았습니다."

나아가 기술 이관처인 페트롤리멕스사와 하노이 소방서를 일본으로 초대해 가나자와 소방서와 함께 건설 중인 나고야의 주유소를 시찰시키며 안전기술 지도를 시작했다.

"그 다음으로 법률을 제정하는 베트남 환경부와 상공부를 일본에 초청해 안전기준 계몽활동을 할 예정입니다." 다마다가 말했다.

성장기를 끝낸 일본의 역할은 이렇듯 기업의 '세계 멘토'에 있는 게 아닐까. 생존을 건 호쿠리쿠의 경제 전략을 다음 장에서 소개하겠다.

제3장

미래_매일 새롭게, 후쿠이 모델

후쿠이현 지도

사양산업판
실리콘밸리

후쿠이현 사바에시는 여러 개의 얼굴을 갖고 있다.

나는 의외의 곳에서 사바에라는 이름을 들었다. 롯폰기힐스에 있는 구글에서였다.

구글글래스와 자율주행차 개발이 화제가 되기 시작할 즈음, 이 회사는 인터넷 검색엔진 회사라기보다 미래를 만들어내는 세계적인 컴퓨터 사이언스 기업으로 변모했다. 그런 회사의 사무실에서 '사바에'라는 지역의 이름이 튀어나온 것이다.

구내식당(이곳은 호텔 수준의 레스토랑이지만 무료다)에서 홍보담당 여성과 점심을 먹던 중 "그러니까 열린 정부의 일종이에요."라는 말을 들었다. '열린 정부'란 IT에 조예가 깊은 버락 오바마 대통령이 취임하고 나서부터 널리 퍼진 말로 민간의 기술을 행정적인 결에 활용하려는 움직임을 가리킨다. 행정과 IT 기술자가 융합한 '새로운 형태의 민주주의'이자 행정과 일반 시민이 함께 공공의 일을 하는 것이다.

행정이 열렸다는 설명을 듣긴 했지만 이 개념은 구체적인 사례가 없으면 좀체 이해하기 어렵다. 그런데 구글 직원의 입에서 불현듯 "사바에가 열린 정부로 세계의 주목을 받고 있습니다."라는 이야기가 나온 것이다. 더욱 인상적이었던 것은 사바에가 다음과 같은 애칭으로 불린다는 사실이었다. "데이터시티 사바에."

아마도 많은 일본인은 그런 지역이 있다는 사실조차 모를 것이다.

그리고 얼마 후 문화방송 스튜디오에서 전 후지TV 아나운서 후쿠이 겐지가 "일전에 사바에에 갔습니다."라고 말하자 "체조의 고장 말이지요." 하는 대답이 되돌아왔다. 1995년과 1998년, 사바에에서 세계체조경기대회와 체조경기월드컵이 열렸다. '프로야구 뉴스'로 알려진 후쿠이 아나운서는 사바에에서 체조 실황중계를 했다고 한다. 그러니까 스포츠 세계에서 보면 사바에는 '체조의 고장'인 셈이다.

그리고 하나 더 소개하자면, 사바에가 배출한 유명한 뮤지션이다. '소셜밴드 이치즈'라는 이름의 3남매 밴드다. 그들은 컴퓨터교재 판매회사 '원츠Wants' 그룹으로 전국적 성공을 거두기도 한 뮤지션이다. '구마히게 선생'이라고 불리는 장남은 교재 DVD에 강사로 등장한다. 차남인 '돈마이 선생'은 강사이자 원츠의 전 영업사원이며, 딸인 '밋코짱'은 컴퓨터교재 작가이다. 이 세 사람이 만든 밴드 '이치즈'는 현재 재해지역을 중심으로 공연을 펼치고 있다. 최근의 대표곡은 재난 피해자 주택에 사는 남성이 작사한 '단치온도團地音頭'이다.

'이치즈'가 후지TV 행사에 출연하기 위해 오다이바에 왔을 때 원츠의 회장이자 밴드 보컬인 차남 돈마이 스즈키에게서 사바에 관한 이야기를 들었다. 어린 시절을 화제로 이야기를 나누던 중 돈마이가 가장 사바에다운 일화 하나를 들려주며 웃었다.

"같은 반 아이들 모두에게 '아버지의 직업은?' 하고 물었더니 거의 전원이 사장이라고 대답했어요. 당시에는 그것이 당연하다고 생각했지만 지금 돌아보면 아주 이상한 마을이지요."

후쿠이현은 일본에서도 사장이 가장 많은 지역이다. 인구 10만 명당 사장 수가 1,599명으로 전국 1위. 후쿠이현을 사장 배출 1위 지역으로 만든 일등공신이 바로 사바에다. 안경, 섬유, 칠기가 산업 집적을 만들어내 중소 영세기업이 많다. 그래서 이 도시는 사장 천지이다.

인구 6만 8,000명인 사바에에는 많은 산업이 집적되어 있다. 바로 거기서 이 말을 들었다.

"일본에서 가장 빨리 중국에 당한 지역."

책 서문에 소개한 그 이야기이다. 1990년대 세계의 하청공장으로 불리는 중국이 대두하면서 사바에의 산업은 타격을 받았다. 1991년 사바에 시내에 894곳의 안경사업체가 있었지만 그때가 정점이었다. 중국이 싼 노동력을 이용해 안경 생산을 늘려가자 사바에 핵심 안경사업체가 중국으로 생산거점을 옮기거나 중국 기업이 기술자를 스카우트해버렸다.

"2만 엔 하던 안경이 5,000엔짜리 중국산으로 대체되었습니다."

2008년 사바에의 안경사업체는 519곳으로 줄었다. 매출액은 한창 때의 1,150억 엔에서 539억 엔으로 급감했다. 섬유산업 역시 해외와 경쟁이 격심해지는 구도였다.

일본 어느 지역보다도 일찍 중국과의 경쟁에서 패한 도시. 사양산업이 모인 이 도시를 두고 왜 사람들은 미래를 만들어간다고 말하는 걸까. 이제 숫자만으로는 알기 어려운 이야기를 해보겠다.

경쟁과 협동,
향토애의 양쪽 날개

　도카이도 신칸센의 마이바라 역에서 특급열차 시라사기로 갈아타고 호쿠리쿠로 달리기를 56분. JR사바에 역에 내리면 '안경산지 사바에'라는 간판과 커다란 안경테 모형이 눈에 들어온다. 세계 3대 안경산지 중 하나이자 일본 내 안경테 시장점유율 98퍼센트를 자랑하는 지역이다. 사바에 안경제품은 전 세계 약 20퍼센트 점유율을 차지한다.

　일본 전국에는 사바에 같은 산업집적지가 여럿 있다. 대개 대기업이 중심이 되어 산업단지를 형성한 경우다. 그러나 사바에 안경산업에는 대기업이 없다.

　작은 역에서 눈 속으로 난 길을 터벅터벅 걸어 '안경회관'이라는 8층 빌딩으로 갔다. 그 건물 1층에 흉상이 있었다. 마스나가 고자에몬. 이 지역 사람이 아니면 알 수 없는 인물이지만 그가 사바에에 혁신을 불러온 주인공이다.

　마스나가는 1871년 현재 사바에시에 인접한 이쿠노 지역의 부농

사바에의 상징 안경조형물

후쿠이현 사바에에 도착하면 제일 먼저 만나는 안경 조형물. 그 아래 '안경산지 사바에'라는 간판 문구 그대로 이 도시는 일본 내 안경테의 98퍼센트를 만들어내는 곳이자 세계 3대 안경산지 중 하나다.

집안에서 태어났다. 그즈음 사바에 사람들의 삶에 대해 마키타 야스카즈 시청 정보총괄감은 "눈이 많이 쌓이는 겨울 농한기가 되면 농가는 생활이 곤란한 상태였습니다."라고 설명했다. 겨울이 되면 농가는 돈을 벌기 위해 고베의 나다로 술을 빚으러 가곤 했다. 과거 일본에서 흔히 볼 수 있는 빈한한 농촌의 전형이었다.

마스나가가 고민한 것은 농가의 생활 향상, 즉 빈곤 탈출이었다. 1887년, 그는 군마현 기류시에서 번성한 하부타에羽二重 직조기술자를 후쿠이현에 초빙했다. 하부타에는 일본 전통옷의 안쪽에 사용되는 고급 실크로, 세로실 한 줄에 가로실 두 줄을 엮어 만든다. 이렇게 만들어진 하부타에는 광택이 나고 부드러운 것이 특징이다.

후쿠이 지역은 원래 에도시대부터 견직물 생산이 번성했다. 낮과 밤의 습도 차가 적은 환경 덕에 메이지 시기 산업장려정책 흐름을 타면서 직물산업에 훈풍이 불었다. 여기에 하부타에라는 고품질 기술을 접목해 수출산업으로 성장시킨 것이다.

마스나가는 하부타에 공장을 세워 전국 제일의 생산량을 자랑하는 기업으로 성장시켰다. 그러나 13년 뒤 상황이 변했다. 실크산업이 정체기를 맞은 것이다.

설상가상으로 1900년 도쿄 주식시장이 폭락했다. 기업에 과다융자를 해주었던 은행이 차례로 상환불능 사태를 맞으면서 전국적인 금융공황이 발생했다. 생사生絲 투기가 시장 폭락의 원인 중 하나였기에, 모처럼 사바에의 성장 동력이 된 실크산업은 급속히 얼어붙었다.

마스나가는 역경 극복 수단을 찾기 위해 골몰하고 있었다. 공황이 일어나고 4년이 지난 1904년 어느 날 해질녘이었다. 오사카에 있던 마스나가의 남동생이 정보를 가지고 왔다.

"오사카에서 안경 장인과 알고 지냈는데 그가 혹시 안경테를 만들어보지 않겠냐고 권유하네요."

당시 안경은 서민이 쓰기 어려운 제품이었다. 하부타에 실패를 경험한 마스나가가 중요하게 여긴 것은 지속가능한 산업이었다. 이를 파악하기 위해서는 신중하게 접근해야 했다. 마스나가는 직접 오사카로 갔다. 지금의 미나미센바에 있던 동생의 지인을 찾아가 그곳을 거점으로 '안경테 제조'에 대한 정보를 수집하기 시작했다.

흔히 인쇄기술과 안경의 발명이야말로 인류의 혁신이라고 말한다. 인쇄를 통해 성서를 다량 제작할 수 있게 되었고, 안경의 등장으로 많은 사람들이 성서를 읽었다. 기독교 사회로서는 대단한 발명이지만 안경이 바로 세상을 바꾸는 혁신적 도구가 된 건 아니다. 안경은 값이 비싸서 성직자나 박식가, 그러니까 지식인을 상징할 뿐 일반인이 쓰면 '주제 파악도 못 한다'는 눈총을 받기 십상이었다. 일본에서도 사정은 마찬가지였다. 그럼에도 마스나가가 사바에의 발전을 안경에 건 것은 초기 투자비가 높지 않다는 이점 때문이었다.

반 년 후, 마스나가는 안경테 장인 3명을 데리고 사바에로 돌아왔다. 마스나가가 맨 처음 시작한 것은 20명 정도의 손재주 있는 목수와 농가 사람을 모아 강습회를 열어 안경테 제조기술을 배우도록 하는 일이었다. 후쿠이상공회의소 기록에 따르면 이듬해에는 안경테 명인 도시마 마쓰타로를 초빙해 본격적인 기술 습득과 생산을 시작했다.

사바에 시청 상공정책과에서 오랫동안 안경을 담당해온 와타나베 마사루는 "안경 제작은 세심한 공정이 필요하기 때문에 단조로운 작업을 꾸준히 하지 않으면 안 됩니다. 그래서 세계의 산지를 보면 이탈리아와 프랑스의 산간지역에 많습니다."라고 말했다. 선택할 직업이 많은 평지보다 꾸준히 세심하게 한 가지 작업을 파고들 수밖에 없는, 눈 많은 산간지역이 적합했던 것이다.

한편 명인 도시마가 농민들에게 전수한 것은 '은테'와 '적동赤銅테'라는 안경테 제조법이었다. 적동은 구리에 약간의 금을 배합한 합금으로, 장식품 등 금속공예에 주로 사용한다. 적동테를 만들기 위해 도시마 밑에서 기술을 배우는 데 장장 3년이라는 시간이 필요했다. 그 결과 드디어 빛을 본 것이 1911년이었다. 농민들이 만들어낸 '금이 들어간 적동 안경'이 정부가 산업을 진흥할 목적으로 개최한 공산품박람회에서 1등상인 금배金杯를 수상한 것이다.

기술만 인정받은 게 아니다. 마스나가의 시대 진단은 결코 단순한 것이 아니었다. 마스나가가 안경테를 사바에에 가져온 이유 중 하나로 러일전쟁이 있었다. 당시 전황이 궁금했던 국민 사이에 폭발적으로 보급된 것이 신문이었다. 신문을 읽는 일본인은 돋보기를 샀다. 이런 상황을 면밀히 살핀 마스나가는 머잖아 '안경이 일상용품으로 팔릴 것'임을 직감했다. 사바에를 부흥시키는 데는 안경이 안성맞춤이었다. 적동테로 금배의 영예를 안은 지 2년 뒤 제1차 세계대전이 발발했다. 다시 신문이 국민 사이에 널리 보급되면서 사바에의 안경 수요가 급증했다.

하고 싶은 말은 지금부터다. 마스나가라는 젊은 지도자와 안경의 역사를 소개하는 건 이야기의 핵심주제가 아니다. 사바에는 어떻게 이후 안경 생산의 제1거점으로 성장할 수 있었던 것일까?

핵심은 마스나가가 만든 시스템이었다.

마스나가가 만든 '초바帳場제도'라는 것이 있다. 일종의 하청제도이다. 다시 시청의 와타나베 이야기를 들어보자.

"마스나가 고자에몬은 자신이 직접 모은 1기생들이 숙련공으로 성장하자 독립시켰습니다. 그 기술자 아래 다시 제조그룹을 만들어 거기서 제조법을 배운 사람이 독립합니다. 기술자 둘레에 모이는 것이 아니라 독립시켜 다시 그룹을 만들게 한 뒤 그룹끼리 경쟁을 유도합니다. 그렇게 해서 품질이 향상됩니다. 그러니까 당시 마스나가가 한 것은 인큐베이션(창업 지원)이었던 겁니다."

인큐베이션은 '부화'라는 의미로, 사바에를 말하는 키워드이기 때문에 뒤에서 다시 설명하겠다. 마스나가가 만든 체제는 지금 식으로 말하면 '스핀오프spin-off 벤처'를 촉진하는 시스템이었다. 인큐베이터 마스나가는 기술을 자사에만 가둬놓는 대신 지역으로 확산시키기 위

이토록 멋진 마을

해 스핀오프, 그러니까 독립해 창업하기를 권한 것이다. 설령 기술을 연마했더라도 그들에게 기업가 정신이 없으면 더 이상 발전하지 않는다. 마스나가가 기술을 가둬두지 않고 '오픈 인큐베이션화'한 것이 발군의 기술을 낳게 한 원동력이다.

다시 말해 초바제도는 실리콘밸리에서 흔히 말하는 '에코시스템(생태계)'을 만들어가는 제도였던 셈이다. 최근 벤처를 지원할 때 흔히 쓰는 말로 하면, 숲의 생태계 같은 공존공영 체제이다. 젊은 싹이 있으면 큰 나무도 있어서, 각각의 라이프사이클을 순환할 수 있도록 서로 영향을 주고받는 환경이다. 돈, 지혜, 사람, 기술이 생태계 안에서 빙글빙글 돌아간다.

이 체제는 세계의 도시가 모방하려 드는 이탈리아 창조도시 볼로냐의 발전에서도 볼 수 있다.

중세부터 발전을 거듭해온 볼로냐시는 세계 최고 기술을 자랑하는 산업이 수두룩하다. 람보르기니나 마세라티 등 자동차산업을 비롯해 오토바이, 패션, 식품, 포장기계 등이 이에 해당한다. 게다가 다수가 중소기업이다. 이노우에 히사시의 책 《볼로냐 기행》에 따르면 일본 이토엔의 티백을 포장하는 시스템도, 오카모토리켄의 콘돔을 포장하는 기계도 볼로냐 제품이다. 패션 분야의 유럽 최대 유통센터가 이곳에 있고, 아이스크림 젤라토를 만드는 기계 역시 볼로냐 제품이 세계 최고이다. 《볼로냐 기행》에도 등장하는 호세이대학교 대학원 정책창

조연구과의 오카모토 요시유키 교수는 자립한 지역산업을 일으키는 독특함에 주목했다. 그것은 그 지역의 '인간관계'이다.

"국가에서 지원금을 받는다든지 대기업을 유치하는 방법이 있을지 모르겠습니다만 기본적으로 자신들의 힘으로 다양한 시도를 해보는 것이 중요합니다. 지역에 대학이나 연구소를 만들어 내부 인력자원으로 혁신을 일으킵니다. 그 전제조건이 바로 상호 정보 공유입니다. 서로 정보를 교환하면서 혁신을 이뤄내는 겁니다. 그러기 위해서는 비밀을 공유할 수 있는 신뢰관계가 중요합니다."

이처럼 지역공동체가 자발적으로 경제를 만들어내 부양시키는 것을 '내발적 발전'이라고 한다.

기업은 경쟁이 불가피한데 정보 공유가 웬말이냐고 반문하겠지만 내발적 발전 도시들은 협력과 공유를 특징으로 한다.

볼로냐는 저녁 6시가 넘으면 카페테라스에 사람들이 모여앉아 먹고 마시면서 시간 가는 줄 모르고 이야기를 나눈다. 인간관계가 깊고 신뢰가 두텁기 때문에 "자, 시장을 부르자"라는 이야기도 심심찮게 한다. 마치 회사동료라도 불러내는 듯한 분위기이지만, 사람 사이의 장벽이 낮아도 지켜야 할 규칙은 있다. 공개적으로 아이디어를 주고받되 남을 따돌리고 가격 경쟁을 해서는 안 되며, 제품 경쟁도 하지 않는다. 오카모토 교수에게 "배신하는 사람은 없나요?" 하고 물으니 "배신한다는 생각을 하지 않아요. 공동체에 속해야 살아갈 수 있고 거기서 나가면 끝이거든요."라고 대답했다. 신뢰관계를 전제로 살아가기 때문에 배신은 스스로의 목을 조르는 올가미가 된다. 지역공동체가 있어야 각자 장사도 할 수 있다고 생각하는 것이다. 기업에서 독립하거나 분사를 할 때 기술을 가지고 나오는 것은 문제가 없지만 경쟁하는 똑같은 제품을 만들지 않는 것이 규칙이다. 옷이나 구두는 어린이용, 여성용, 남성용으로 나뉘기 때문에 기본적으로 경쟁을 하지 않는다. 포장기계도 담배, 약, 차, 과자용으로 세분화해 놓았다.

이노우에 히사시는 볼로냐야말로 시민 모두가 나서서 만든 도시라고 표현한다. 공존사상으로 국제시장에서 승리해 모두가 풍요로워진다는 것이다.

이런 신뢰관계를 떠받치는 공통의 가치관은 무엇일까.

볼로냐에 대해 가르쳐준 오카모토 교수는 이런 말을 했다.

"향토주의."

향토애가 협동과 경쟁을 만들어내는 기반이라는 것이다.

마스나가라는 젊은 리더와 그가 도입한 높은 기술력 덕에 사바에가 세계 3대 안경산지로 발전한 것은 사실이다. 그러나 더 근본적인 원동력은 빠르게 기술을 키워 조직을 확산시킨 시스템과 '마스나가 1기생'처럼 끈기 있게 따라온 참가자들에게서 나왔다.

'벽촌에서 벗어나고 싶다'는 열망으로 깃발을 흔든 마스나가의 신념과 거기에 공감한 사람들이 있었다. 여기에 외지에서 도입한 기술을 확산시키는 체제가 마련됐다. 그 체제를 바탕으로 절차탁마하는 지역의 인간관계. 이것이 향토주의라는 밑그림 아래 조화를 이루어야 산업은 빠르게 발전해간다. 결국 지역의 과제는 문제에 직면한 지역에서 해결할 수밖에 없다. 국가적 정책은 지방에서 효과를 내기 어렵다. '향토주의'가 효과를 발휘하는 까닭이 여기에 있다.

사바에의 안경산업이 이후에도 지속적으로 발전한 것은 '소재혁명'을 거듭했기 때문이다. 적동테에 도전하던 그 정신으로 신소재 도입과 제조기술 개발을 계속해 1980년대에는 티타늄테, 형상기억합금 개발에 성공했다. 사바에의 이런 소재혁명에 이탈리아가 위협을 느껴 '다음에는 어떤 소재를 쓸지' 높은 관심을 보였다고 한다.

그런데 향토주의 아래서 사바에의 인간관계가 마냥 두터운 신뢰로만 이루어졌다고 단정하기는 어렵다. 안경업자들은 "모두 사이좋게 지내려 한다"고 이야기하지만 한편에서 "어디 회사를 경영하는 형제는 사이가 나쁘다"라는 속닥거림이 들리고 사바에서 안경협회라는 단체에 대해 불만을 제기하는 사람도 있다. 그럼에도 상부상조하는 이유는 안경이라는 제품이 200개 공정에 이르는 분업화 생산공정에 의지하기 때문이다.

안경은 매우 섬세한 작업공정을 거쳐야 한다. 금형, 연마, 작은 나사 등 200개의 공정을 이 회사에서 저 회사로 이어가면서 작업하지 않으면 안 된다. 게다가 사바에 안경산업의 다수는 레이밴을 가진 이탈리아의 룩소티카나 루이뷔통, 펜디와 라이선스 계약을, 샤필로의 하청을 맡고 있다. 사바에의 마키노 햐쿠오 시장을 만났을 때 그는

이토록 멋진 마을

사바에를 한 단어로 표현했다.

"비밀도시."

명품을 취급하기 때문에 제조공정은 비밀이다. 비밀을 지닌 마을이지만 협력하지 않으면 유지될 수 없다. 긴밀한 상호부조 없이는 제품을 완성하지 못하는 것이다.

지역공동체가 공유하는 가치관, 규칙, 문화가 산업발전과 직결되어 분위기를 고조시키는 현상을 오카모토 교수는 '자립형 산업집적'이라고 말한다. 대기업과 공장을 유치하는 '의존형'과는 정반대 형태의 지역 만들기이다.

쉬지 마라,
꾸준한 자만이 살아남는다

'라운드 어바웃'이란 말이 있다. 신호가 없는 원형교차로를 말한다. 유럽에 많고 파리의 개선문이 유명하다. 교차로의 한가운데가 진공지대 같은 원형으로 이루어지며 3차로 이상이 원형으로 교차한다.

신호가 없기 때문에 누군가의 지시에 따라 차를 멈추거나 지나가는 일은 없다. 서로 양보해가면서, 그러니까 상대방을 존중하면서 자동차들이 지나간다. 어느 길에서도 자유롭게 들어올 수 있고, 어느 길로도 자유롭게 나갈 수 있다. 같은 생각과 규칙을 공유하지 않으면 유지될 수 없는 체제이다.

여기서 교통량과 자동차의 진행속도는 '재화의 이전'을 나타낸다. 흐름이 빠르면 경기가 좋다는 증거다. 늘 의심만 하거나 혼자 앞서려고 협조하지 않는 태도는 사고나 정체의 원인이 된다. 신뢰라는 암묵적 이해가 있어야 가능한 것이다.

이토록 멋진 마을

그리고 한 가지가 더 필요하다.

라운드 어바웃의 지속 여부는 마을 사람들이 향토주의와 별개인 한 가지 의식을 공유하고 있는지 여부와도 직결된다. 바로 위기감이다.

혁신의 어려움이 여기에 있다. 내게 '라운드 어바웃'이라는 개념을 가르쳐준 사람은 일찍부터 인큐베이션 매니저로 활약하고 있는 신주쿠 구립 다카다노바바 창업지원센터의 시설장 후쿠다 미노루 씨다. 인큐베이션 매니저란 창업하는 사람들에게 조언을 하는 데서 나아가 끝까지 함께 가는 지원자로서, 2000년대부터 확산된 직업이다. 경제의 신진대사가 막힌 일본은 창업 지원을 통해 사회 활성화를 꾀하고 있다.

후쿠다 씨는 말한다.

"1960년대 후반에는 장사하는 사람들에게 좋은 시절이었습니다. 그 시절에 번성한 지방도시는 많습니다. 실제로 호쿠리쿠에서 들은 어느 마을이 전형적인 사례입니다만, 성장일로였던 그 시절에는 장사하는 사람들이 돈을 모아 주택 임대사업을 해서 월세 수입을 얻는 것이 유행이었습니다. 그후 세대가 바뀌어 부모들이 일군 자산으로 먹고사는 생활을 했는데 시절이 나빠지자마자 장사의 경쟁력이 약해졌고 혁신할 체력도 자본도 없었다고 합니다. 가지고 있던 임대 아파트마저 자산가치가 떨어지자 역경을 헤쳐나갈 체력이 지역 전체적으로 고갈돼버린 것입니다. 풍족했기 때문에, 닥쳐온 위기에 둔감해졌고 위기를 공유할 수 없게 된 것입니다."

정신을 차리고 주위를 살펴봤더니 이미 인구는 줄고 상가는 셔터 내린 상태였더라는, 흔히 듣는 레퍼토리다.

그러면 세계화라는 외부환경의 타격을 받았을 때는 어떤 변화가 일어났을까.

앞서 말했듯이 과거 20년간 중국이 약진하면서 사바에의 안경사업자는 급감했다. 하지만 그 한편에서 사바에시는 재미난 데이터를 보여주었다. 현재 안경사업자당 연평균 매출액이 과거 최고치인 1억 4,000만 엔을 웃돈다는 사실이다.

살아남은 기업이 더 강해진 것이다. 그 비밀을 추적해보자.

'일본 제일'과 '세계 제일'이 수두룩한 마을

안경, 섬유, 칠기. 사바에시의 산업들은 죄다 성장단계를 지나 사양이라고 해도 좋은 것들이다.

그런데도 왜 이 도시는 쇠퇴하지 않는 것일까. 미국에서는 파탄이 난 디트로이트를 굳이 예로 들지 않더라도 거의 모든 제조업 도시가 악순환에 빠져버리곤 한다. 산업이 쇠퇴해 지자체 재정이 흔들리고 고용과 인구 유출은 세수 감소로 이어진다. 공공서비스가 미치지 않는 녹슨 거리에 범죄가 늘어나면서 위험도시로 전락하는 것이다.

그러나 사양산업을 이어가는 사바에는 후쿠이현에서 유일하게 인구가 증가하고 있다. '사양=쇠퇴'라는 등식은 과연 정답일까.

"다카하시 나오코 모델을 아십니까?"

취재 중 만난 사바에시 출신 데미즈 다카아키가 이런 질문을 했다. 데미즈의 직업은 지역 연계 코디네이터이다. 인큐베이션 매니저로도 활동해온 그의 존재가 지방에서 필요한 시절이 온 것이다.

뉴욕의 프로모션 회사 출신으로, 귀국해 출판사와 사바에 상공회의소에서 일하기도 했던 데미즈는 오카야마현 구라시키 시청에서 NPO 등의 시민활동 담당을 했다. 구라시키시는 조선과 방적, 중화학 공업단지로 잘 알려진 기업도시로 서일본에서는 오사카 다음 가는 대공업지대이다. 그 덕에 1990년대 중반까지는 지방교부세가 필요없을 정도로 세수가 윤택했다. 사바에와는 규모도 성격도 다른 구라시키 시청에서 일하던 그는 고향 후쿠이로 돌아와 후쿠이공업고등전문학교의 지역 연계 코디네이터로 활동하고 있다.

'다카하시 나오코 모델' 이야기가 나온 것은 사바에의 사양에 대해 데미즈와 이야기를 하던 중이었다. "핫타타테아미라는 회사가 사바에에 있습니다. 이름대로 실을 짜는 기업인데 그 회사가 혁신적인 경영을 하고 있습니다."

종전 직후에 생겨난 핫타타테아미는 사바에의 전통산업인 '옷감 짜는 회사'였다. 옷감은 가로로 짜는 방법과 세로로 짜는 방법이 있다. 핫타타테아미는 세로실만으로 짜서 가로실로 보완하는 방식의 옷감 짜기를 사용한다. 세로짜기에 가로실 직조를 조합해 강도와 신축성을 만들어내는 것이다. 그런데 오래 전부터 사양이라는 말을 들어온 섬유산업으로 핫타타테아미는 어떻게 살아남았을까.

핫타타테아미가 만드는 소재 중 '더블 라셀 메시double Rachel mesh'라는 것이 있다. 회사는 이 소재를 획기적으로 다양화해 스포츠 슈즈의 발등을 덮는 갑피 부분으로 개발했다. 입체적이고 통기성, 강도, 신축성이 있는 더블 라셀 메시를 사용한 신발을 스포츠용품 회사와 협력해 보급한 것이다. 이 소재의 위력이 알려진 것은 2000년 시드니 올림픽 때였다. 더블 라셀 메시를 채용한 신발을 신은 다카하시 나오코가 여자 마라톤 금메달을 딴 것이다.

'다카하시 나오코 모델'의 이름이 순식간에 세계로 퍼졌다. 2004년 아테네 올림픽에서도 핫타타테아미 소재로 만든 신발을 신은 여성 마라토너 노구치 미즈키가 금메달을 땄다. 지금은 핫타타테아미 천이 매년 500만 켤레 넘는 스포츠화에 사용되고 있다. 이 분야에서 핫타타테아미는 금자탑을 세웠다.

"늘 경쟁하기 때문에 강해질 수 있는 겁니다." 데미즈는 말했다.

사양이라고 일컬어지는 산업이지만 '옷감=의류소재'라는 사고에 머물지 않은 것이 명암을 가른 셈이다.

일본 국내 합성섬유의 65퍼센트를 후쿠이와 이시카와의 호쿠리쿠 지역에서 생산하고 있다. 경쟁하는 과정에서 터득한 생존의 길은 세 가지다. 먼저 스포츠 신발부터 에어버스 등 항공기에 사용되는 산업용 섬유까지 '비의류 분야'로 계속 진출한 것이 그 하나다.

다음으로 섬유집적이라고 부르는 '올 호쿠리쿠' 제휴이다. 기술혁신의 밑바탕에는 이 지역 후쿠이대학교와의 공동개발 작업이 있었다. 지역 대학 졸업생들이 연결고리가 되어 아메바 형태의 운명공동체로 얽힌 것이다. '호쿠리쿠 3개 현의 산업집적' 사업에는 약 204개 중소기업이 참가해 연구개발, 인재 육성, 판로 확대를 꾀하면서 고용을 창출해낸다. 안경기술을 가져온 마스나가의 '초바제도' 확대판이다.

그리고 세 번째가 '자립'이라는 길이다. 후쿠이현은 안경도 섬유도 '가와나카川中산업'이라고 부른다. 강의 상류에 있는 대기업과 하류에 있는 소매상의 중간에서 제품을 가공하기 때문이다. 거기에 사바에 안경의 약점이 있었다. 명품 OEM(주문자상표부착생산)이 많은 반면 자사 브랜드가 없다는 점 말이다.

그런데 강의 가운데를 탈피해 독립브랜드 구축에 성공한 기업이 있다. 카시트 분야에서 일본 시장점유율 1위를 자랑하는 '세이렌'이다. 현재 일본 자동차 3대 중 1대가 이 회사 카시트를 장착할 정도로 후쿠이시에 본사를 둔 세이렌의 입지는 탄탄하다.

사바에를 생산거점으로 하는 세이렌은 메이지시대에 생사 정련가공으로 출발한 회사다. 회사 이름도 '정련가공精練加工(이렌카코)'에서 유래했다. 이즈미야 와타루의 책《100년 기업―그러나 최첨단이자 세계 제일》에 따르면 1960년대에 레이온과 나일론이 등장하면서 급성장했던 일본 섬유산업은 1978년 제2차 오일쇼크, 1980년대 엔고 불황을 겪으며 산업 자체가 쇠퇴했다. 한때 엄청난 누적적자를 기록하던 세이렌은 사양길에 접어든 섬유산업을 축소하는 대신 공격적인 투자를 감행했다. 스위스에서 자금을 조달해 디자인부터 제조, 판매까지 수직통합 기업으로 대개혁을 단행한 것이다.

게다가 비스코텍스VISCOTECS라는, IT를 구사한 독자적 일관생산체제로 기획, 제조, 소매를 자사 완결형으로 묶었다. 나아가 소비자의

요청에 맞춘 주문형으로 의류업계에 혁명을 일으키자 수영복부터 정
장까지 매출이 30~50퍼센트나 늘어났다. 그중 하이라이트는 유명회
사 가네보의 섬유 부문 매수이다.

세이렌은 패션에 머물지 않고 컴퓨터, 게임, 휴대전화에 사용되는
전자파방지 소재 및 바이오메디컬 신소재를 개발하는 등 차례차례
새로운 분야를 개척했다. 일본 내 시장점유율 1위를 차지하는 카시트
는 그중 하나에 불과하다.

이 지역에는 국내외 각 부문 시장점유율 상위를 차지하는 기업이
의외로 많다.

사바에에 있는 아게하라직물공업의 '아게하라 벨벳'은 일본 시장점
유율 70퍼센트를 넘고 세계적으로도 벨벳 고급의료 점유율 25퍼센트
에 이른다. 절연성 소재인 후지타테아미의 메디컬 백의는 일본 점유
율 1위이다. 이 회사는 부가가치가 높은 제품들을 연속적으로 개발하
고 있다. 수지제樹脂製의 상업용 칠기는 일본 시장점유율 80퍼센트를
점한다. 시모무라칠기는 기술혁신을 통해 병원의 보온기에 대응할
수 있는 IH 가열전용 식기를 개발했다. 새로운 기술로 시장을 개척하
는 것이다. 데미즈는 말했다.

"섬유와 칠기는 사양이라고 말합니다만 어느 사장님은 이렇게 웃
어넘겼습니다. '세상 사람들은 사양 사양, 입버릇처럼 말하지만 무엇
이 왜 사양인가. 첨단을 향해 진행되는 산업 속성상 이전 것은 언제

나 사양이 될 수밖에 없을 뿐이다'라고요."

업계 전체는 사양일지 몰라도 살아남은 기업은 오히려 강해졌다. 레이스 제조업체가 무봉제 기술과 입체구조 기술을 이용한 의류용 자재 및 산업용 소재를 생산하고 하부타에를 만들던 전통기업이 접 착테이프와 농업용 자재를 만든다.

안경테도 마찬가지다. 안경 제조로 익힌 티타늄 가공기술을 의료 용과 항공기 산업부터 광센서까지 광범위한 다른 업종에 적용시켰다. 그뿐만이 아니다. 난이도 높은 가공기술을 더 발전시켜 인체의 뼈와 관절에 사용할 수 있도록 했다. 인공관절에 티타늄을 사용했을 경우 티타늄의 특성 때문에 뼈와 결합해서 일체가 된다. 인체에 영향도 주 지 않는다. 안경산업이 새로운 광맥을 여는 열쇠가 되어준 것이다.

소재와 기술개발을 넘어선 움직임도 생겨나고 있다.

안경도매상이던 아버지가 병에 걸리자 고향으로 돌아와 가업을 계 승한 '다나카안경'의 다나카 간야는 일반사회법인 '안경창구'를 만들 었다.

"어느 브랜드가 안경을 만들고 싶다고 상담하러 왔을 때 가장 잘 맞을 만한 디자이너와 연결시켜주는 겁니다. 그렇게 안경제조 프로 들이 고객의 수요에 맞춰 작업을 해주다보면 이 고장 안경산업의 깊 은 매력과 사바에 지역 자체에 애정을 갖는 계기가 될 겁니다."

안경을 통해 사바에를 깊이 알려 나가겠다는 시도다.

다나카에게는 목표가 있다. 안경에 대해 배울 수 있는 학교를 만드는 것이다. 사바에시는 안경의 패션 브랜드화에 열심이지만 본래 안경은 시력교정이라는 의학 분야와 연결되기도 한다. 그래서 다나카는 시력교정의 기술부터 안경 맞춤과 소재 및 구조, 인재육성과 후계자 문제까지 해결하기 위한 이상적인 학교를 건립하고 싶어한다.

사바에뿐 아니라 후쿠이현에는 '일본 제일'과 '세계 제일' 기업이 많다. 후쿠이 현청은 그것을 '알고 보면 후쿠이 기술'이라는 이름으로 사업화해 다른 지역에 알리고 있다.

후쿠이 기업이 생산하는 제품 및 기술 중 세계 점유율 1위는 40개, 국내 점유율 1위는 51개나 된다.

일례로 휴대폰이나 컴퓨터, 자동차에 탑재되는 '적층 세라믹 콘덴서'라 불리는 제품이 있다. 일시적으로 전기를 채집하는, 세계에서 가장 작은 0.4㎜×0.2㎜짜리 적층 세라믹 콘덴서를 개발한 회사는 에치젠시에 있는 후쿠이무라타제작소이다. 이 콘덴서는 세계 시장점유율 약 35퍼센트로 1위이며, 그 절반을 모母공장이자 개발 거점인 후쿠이무라타제작소가 생산한다. 휴대전화용 칩형 전자부품(0.6㎜×0.3㎜)의 전극 도금으로 일본 내 최고 점유율을 자랑하는 기요카와멕키공업도 있다. 휴대폰, 스마트폰, 컴퓨터 등 전자제품 내 각종 부품을 이어주는 '도금' 회사다. 이 회사가 후쿠이대학교와 공동연구해 개발한 '발수撥水 도금'은 나노(10억 분의 1) 단위의 발수효과 및 윤활성과 내마모성을 갖는 초미세 도금기술이다. 세계 최고 기술로 '제1회 제품만들기 일본 대상'을 수상했지만 이 회사는 원래 자동차와 오토바이 관련 도금을 하던 곳이었다.

후쿠이현에는 자동차 관련 부품이나 장치에서도 세계 최고 점유율을 자랑하는 회사가 2개, 일본 내 1위 기업이 9개 있다.

가게 셔터를 만드는 회사도 있다. 과거 셔터라고 하면 '드륵드륵' 소리를 내면서 위에서 아래로 내리는 철제가 절대다수였지만 지금은 채광·투광성을 지닌 '연속 좌우 개폐구조 접이식 셔터'가 많다. 아마 꽃집이나 카페에서 많이 보았을 것이다. '이스터 커튼'이라 불리는 이 셔터 커튼을 개발해 일본 시장점유율 40퍼센트를 차지하는 기업이 바로 사바에의 도코셔터이다.

그외에 도로반사경 일본 1위, 경찰과 소방서 로고 일본 1위, 의료용 캐비닛 일본 1위, 중학교 목공용 교재 일본 1위, 여성 속옷에 붙이는 레이스 일본 1위 등 '최고'라는 타이틀을 가진 이 지역 기업들은 일일이 열거하기조차 힘들 정도다.

이들 기업의 공통점은 대기업이 아니라는 것이다. 상품 생산과정의 일부거나 부품 등 작은 업종이지만, 어느 단계든 연구개발은 필요한 법이고 '개미와 베짱이' 이야기를 연상케 하는 높은 생존능력이 요구된다. 이 만만치 않은 과정을 지역과 대학이 손잡고 이루어냈다.

희망과 행복의
시소게임

후쿠이현의 '행복도'에 관해 재미난 데이터가 있다.

2013년 후쿠이현과 후쿠이시가 공동프로젝트로 보고서를 발표했다. '미래로 이어가는 후쿠이의 행복'이라는 연구보고서였다. 연구를 진행한 이유가 있다. 대학과 싱크탱크의 '지자체별 행복도 순위'에서 항상 후쿠이현이 수위인데도 실제 현민들은 그 원인을 알지 못했기 때문이다. 이 거리감을 파고들면 불확실한 시대를 만나더라도 현민이나 전입자가 '후쿠이에서 살기 잘했다'고 생각하는 사회를 만들 수 있지 않을까.

현이 작성한 '지자체 중 후쿠이현의 행복도 지도'는 행복도의 거리감을 한눈에 보여준다. 주관적 행복감과 객관적 행복감의 차이를 현별로 표시한 것이다. 다른 사람이 볼 때 최악의 환경이지만 정들면 고향이라고 생각하는 사람들이 있는가 하면 누가 봐도 부러운 환경이지만 정작 본인은 전혀 그렇게 생각하지 않는, 뒤죽박죽인 느낌이

전해진다.

우선 가로축에는 객관적으로 본 행복도가 있다. 이것은 베스트셀러 《일본에서 가장 소중하게 여겨야 할 회사》 및 지역경제론으로 잘 알려진 호세이대학교 대학원 사카모토 고지 교수와 행복도지수연구회가 2011년에 발표한 '행복도 순위'이다. 40개의 지표를 바탕으로 한 이 조사에서 종합순위 1위는 후쿠이현, 2위 도야마현, 3위 이시카와현으로 호쿠리쿠 3개 현이 1, 2, 3등을 독식했다. 살기 편한데다 노동 · 기업, 안전 · 안심, 의료 · 건강에서 호쿠리쿠 3개현이 뛰어난 것으로 파악되었기 때문이다.

세로축은 주관적으로 본 행복도이다. 이것은 오사카대학교 조사를 바탕으로 한 니혼효론샤의 《일본의 행복도 격차 · 노동 · 가족》 중 일부를 가져온 것이다. 그 결과 객관적으로 1위인 후쿠이현은 주관적으로 전국 31위였다. 2위인 도야마현은 주관으로도 평균 63퍼센트를 넘는 행복감을 갖고 있었다.

반면 객관적 순위에서 최하위를 기록한 오사카부의 경우 주관적 행복도가 전국 평균을 크게 웃도는 것으로 나왔다. 전체적으로 서일본 사람들이 자신을 행복하다고 생각하는 경향이 강한 듯했다.

왜 후쿠이현의 행복도는 이렇듯 차이가 날까.

명쾌한 이유가 있다. 먼저 (다른 지역과 비교하기 어려운데) 지금 상태를 '당연한 것'이라고 생각하는 사람이 많다는 점이다. 두 번째, 여

그림 8 행복감의 차이

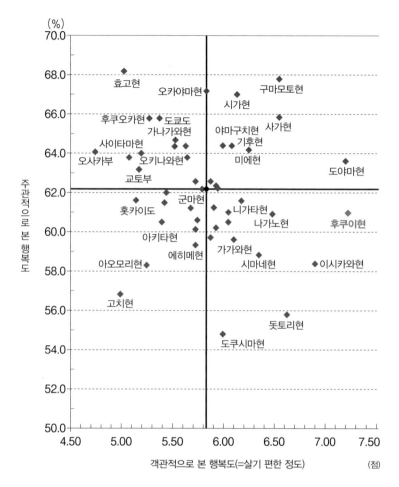

세로축(주관적으로 본 행복도)='일본의 행복도 격차 · 노동 · 가족'
니혼효론샤(日本評論社)'에서 인용
가로축(객관적으로 본 행복도)='일본에서 가장 행복한 지역민'
사카모토 고지&행복도지수연구회

(후쿠이현 행정경영전략연수 E그룹 작성)

성의 주관적인 행복감은 높지만 20~30대 남성의 행복감이 낮다. 왜 이런 차이가 날까. '행복'에 대한 생각이 크게 다르기 때문이다.

여성이 생각하는 '행복감'의 토대는 아이나 손자 세대로 이어지는 '미래에 대한 희망'이라고 이 보고서는 지적하고 있다.

후쿠이현은 전국학력평가에서 초·중학교 모두 수위권이며, 초등학생 체력 테스트도 수위권으로 교육수준이 매우 높다. 살기에 얼마나 편한가를 봐도 자가 비율 3위(1위 아키타현), 생활보호 수급률은 밑에서 2위(1위 도야마현)이다. 생활수준이 높다는 의미다.

대기아동이 없는 보육원수용률 전국 1위, 완전실업률은 밑에서 2위, 정규직 사원 비율 3위, 장애인 고용률 2위, 평균 월급 1위이다. 건강 부문에서도 남성의 평균수명이 4위(여성은 11위)이다.

상징적인 것은 노동자 세대의 실수입 순위이다. 정부 통계에 따르면 후쿠이현은 세대당 월 평균 63만 4,600엔으로 전국 1위이다. 2위가 도쿄(62만 7,300엔)이다. 1인당 평균 급여가 높은 도쿄를 누른 것은 소득 격차가 적기 때문이다. 실제로 후쿠이현은 생활보호 수급률이 낮다. 노동자 세대 실수입은 도야마가 3위이고 도치기, 이바라키, 이시카와가 그 뒤를 잇는다. 이들 상위 5개 현의 실수입이 60만 엔대이다.

후쿠이현의 세대 수입이 높은 또 다른 이유는 맞벌이 비율이 전국 1위로 압도적으로 높기 때문이다. 이는 여성이 일하기 편하다는 것을 의미하고, 높은 보육원 수용율과도 관련이 있다. 합계특수출생률은 전국 8위이다. 여성 한 사람이 생애에 1.61명(2010년 기준)을 낳는다.

그림 9 노동자 세대 실수입 순위

광역지자체	순위	수치	광역지자체	순위	수치
후쿠이현	1	634,573	나가사키현	12	549,770
도쿄도	2	627,326	사가현	13	547,135
도야마현	3	615,372	시즈오카현	14	543,916
도치기현	4	605,674	가고시마현	15	543,739
이바라기현	5	604,247	후쿠시마현	16	536,706
사이타마현	6	586,373	니가타현	17	530,616
고치현	7	584,459	나라현	18	527,737
야마가타현	8	577,027	시마네현	19	527,702
가나가와현	9	561,092	기후현	20	526,970
도쿠시마현	10	553,717	야마나시현	21	523,033
광역지자체	11	551,348	가가와현	22	521,176
			전국	-	520,692

세대당 평균 한 달 간 실수입(노동자 세대)

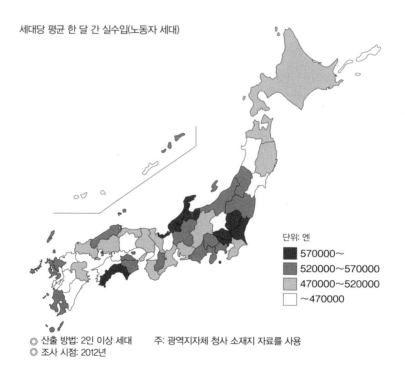

단위: 엔

■ 570000~
■ 520000~570000
□ 470000~520000
□ ~470000

◎ 산출 방법: 2인 이상 세대   주: 광역지자체 청사 소재지 자료를 사용
◎ 조사 시점: 2012년

(일본 총무성 통계국 '가계조사')

일하기 편하고 출생률이 높은 것을 나타내는 지표로 '기업자보율'이라는 것이 있다. 후쿠이현을 비롯한 호쿠리쿠 3개 현은 대체로 직장환경이 육아에 편리하다. 대도시권과는 반대다. 중소기업청은 이를 '호쿠리쿠 지역의 맞벌이를 통한 가치창조 모델'이라 부르고 있다. 기업이 부가가치를 높이는 경영을 함으로써 가정과 기업 쌍방이 서로를 복돋우는 선순환을 만들어내고 이를 행정이 지원하는 방식이다. 정부로서는 이 선순환 모델을 어떻게 해서든 일본 전체에 보급하고 싶어한다.

가족이라는 관점에서 볼 때 이것은 미래의 희망으로 이어지는 환경이다. 후쿠이의 행복 보고서는 도쿄대학교 사회과학연구소 겐다 유지 교수의 조사를 참고해 이런 개념을 강조했다. 보고서에서는 다음과 같은 겐다 교수의 말을 소개하고 있다.

"'행복'과 '희망'은 얼핏 닮은 것 같으면서도 다르다. 행복한 사람은 지금 상태를 언제까지라도 이어가고 싶어한다. 그에 비해 미래가 지금보다 나아질 것이라고 믿을 수 있을 때 우리는 희망을 느낀다. 지금 생활이 힘들지만 노력하고 견디어낸다면 반드시 미래에 좋은 일이 생길 거라는 믿음이 있어야만 희망이 싹튼다. 행복에 '계속'이 필요하다면, 희망은 '변화'를 통해 만들어진다."

미래에 대해 희망을 가질 수 있는 환경을 여성은 '행복'으로 느낀다. 반면 남성은 어떨까.

이토록 멋진 마을

20~30대 남성이 상대적으로 낮은 주관적 행복감을 느낀다는 건 일본 전체적으로 나타나는 경향이다. 게다가 남성은 '행복감'을 현재의 경제상황을 중심으로 생각하는 경향이 있다. 지역적 성향도 영향을 끼칠 것이다.

앞서 말한 안경이나 섬유산업의 사례를 보면 알기 쉽다. 메이지시대에 도입한 안경과 섬유는 끊임없이 변혁을 반복해가면서 확고한 기반을 쌓아올렸다.

안경의 경우 지금은 다른 혁신으로 향하는 단계다. 변화를 계속하면 희망이 있고 장애도 넘어설 수 있다. 하지만 한창 나이의 청춘에게는 이 모든 게 제자리걸음처럼 보일 수 있다. 바로 이것이 행복감이 낮은 이유일 것이다.

"창업자에게 사바에는
천국입니다."

후쿠이현에 이사와 생각하지도 않던 인생을 살게 된 여성이 있다. 40대의 야마모토 노리코이다. 남편과 4명의 자녀를 둔, 6인 가족의 어머니이다.

"간호사 경력 18년이에요."

후쿠이 사투리를 섞어서 말하는 그녀는 사실 교토에서 태어나 얼마 전까지 그곳에서 살았다. 그랬던 그가 지금 후쿠이에서 하는 '일'을 일본 외무성이 관할하는 독립행정법인 '국제교류기금'이 주목하며 해외에 소개하고 있다.

야마모토는 현재 미디디어Medidea라는 회사 사장이다. 자신이 창업한 회사이지만 그간 그의 인생은 창업과는 한참 거리가 멀었다.

"후쿠이현으로 이사한 것이 제 인생을 바꾸었습니다. 후쿠이현은 행복도 순위에서 전국 1위지만 정작 이곳에 사는 사람들은 이 사실을 잘 알지 못합니다. 그런데 저처럼 외지에서 오면 행복도 1위라는 말

이토록 멋진 마을

그림 10 지역별·인구 100만 명당 '활기차게 제품 만드는 중소기업' 선정 기업수

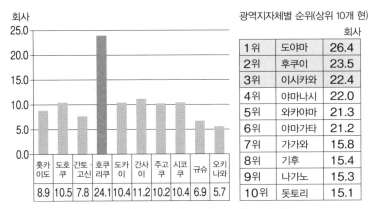

회사											광역지자체별 순위(상위 10개 현)		
													회사
											1위	도야마	26.4
											2위	후쿠이	23.5
											3위	이시카와	22.4
											4위	야마나시	22.0
											5위	와카야마	21.3
											6위	야마가타	21.2
											7위	가가와	15.8
											8위	기후	15.4
	홋카이도	도호쿠	간토·고신	호쿠리쿠	도카이	간사이	주고쿠	시코쿠	규슈	오키나와	9위	나가노	15.3
	8.9	10.5	7.8	24.1	10.4	11.2	10.2	10.4	6.9	5.7	10위	돗토리	15.1

자료: 경제산업성 중소기업청 '활기차게 제품을 만드는 중소기업 300개 회사'
1. 선정 기업 숫자는 2006년부터 2009년까지 합계.
2. 인구는 재단법인 국토지리협회 '주민기본대장 인구 요람'(2009년)

그림 11 3세대 비율(3세대 세대수÷일반 세대수)

(%)

1위	야마가타	21.5	43위	홋카이도	3.9
2위	후쿠이	17.6	44위	가나가와	3.7
3위	아키타	16.4	45위	오사카	3.6
3위	니가타	16.4	46위	가고시마	3.2
5위	도야마	16.1	47위	도쿄	2.3
	· · ·			전국	7.1
18위	이시카와	11.2			

(2010년 일본 총무성 '국세조사')

을 실감하지요."

그녀는 현재 특허청, 중소기업청 등의 후원 아래 전국을 돌며 강연하고 있다. 대체 그녀는 어떤 일을 한 것인가. 이야기는 2000년으로 거슬러 올라간다. 교토에서 간호사로 일하던 시절, 전자 카르텔을 설치하기 위해 병원에 온 기술자 남편과 만나 결혼했다. 이후 야마모토는 일을 그만두고 육아에 전념했다. 남편의 본가가 있는 사바에로 이사한 것은 2000년 1월이었다. 그해 5월, 넷째 아이를 출산한 뒤 그녀는 묘한 분위기를 느꼈다.

"어머니는 일하지 않으시니까 어린이회 임원을 맡아주세요."

그가 전업주부라는 사실을 안 주변 사람들의 시각이 이런 식이었다. 하지만 그가 일을 하지 않는 건 아니었다. 새벽 5시에 일어나 식사를 준비했다. 안경도매상을 하는 시부모의 식사 준비를 거들어야 하고, 태어난 지 얼마 안 된 아기도 돌봐야 했다. 장녀와 쌍둥이 딸 둘 그리고 신생아 아들. 네 명의 아이를 돌보고 있음에도 맞벌이가 보편화된 이 지역에서는 자신의 삶이 한가해 보였다. 이곳에서는 신생아를 보육원에 맡기고 일하러 가는 게 상식으로 통했다.

출산한 지 이태 뒤인 2002년부터 후쿠이에서 간호사로 취직해 오랜만에 의료현장에서 일하기 시작한 그는 주위 간호사들에게 "왜 맞벌이를 하나요?" 하고 물었다.

"첫째는 남편의 수입이 적다는 것이었습니다. 맞벌이를 당연한 것으로 여기는 분위기도 있었고요. 시어머니가 있다는 이유를 드는 사

그림 12 지자체별 맞벌이율과 합계특수출생률(2010년)

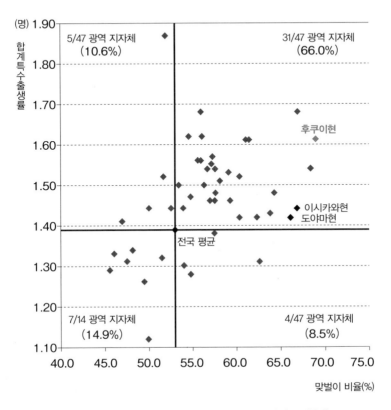

자료: 일본 총무성 '2012년 노동력 조사' 토대로 가공, 후생노동성 '2012년 인구동태통계'
1. 맞벌이 비율은 총무성 '2012년 노동력 조사', 합계특수출생률은 '2012년 인구동태통계'을 토대로 작성.
2. 49세 이하의 기혼여성으로 가정 내 관계가 '세대주', '세대주의 배우자', '자녀', '자녀의 배우자'를 집계.
3. 여기서 말하는 맞벌이 비율은 기혼여성 중 남편, 아내 모두 일하는 경우를 말한다.
4. 합계특수출생률이란 15세부터 49세까지 여성의 연령별 출생률을 더한 것으로, 여성 한 사람이
   그 나이대의 연령별 출생률로 평생 낳을 자녀의 숫자를 말한다.
5. 노동력 조사는 표본 규모가 작아서 광역 지자체별 집계 결과는 전국 결과와 비교해 표본오차가 크다는
   것을 감안해서 봐야 한다.

(일본 중소기업백서 2011년판)

람도 많았습니다. 소아과에서 일하면서 보니 아이를 병원에 데려오는 사람은 거의 할아버지나 할머니더군요."

보육원이 잘 되어 있고 3세대가 함께 사는 환경이 여성을 자연스럽게 밖에 나가 일하도록 만든 것이다.

후쿠이 시내 병원에서 일하며 그가 느낀 것이 하나 더 있었다. 간호사들이 백의 주머니에 넣어두는 외과용 테이프를 자주 바닥에 떨어뜨린 것이다. 이 테이프는 환부에 붕대를 고정할 때 쓰는 것으로, 바닥에 떨어뜨릴 경우 접착면에 먼지가 묻는다. '교토의 병원에서 일한 지 여러 해가 지났지만 개선된 것이 없구나.' 그녀는 생각했다.

별 것 아니라고 치부하기 쉽지만 이것은 병원 내 감염으로 이어질 수도 있는 위험한 실수이다. 후생노동성은 병원 내 모든 의료기기를 멸균하도록 지도하지만 지방의 작은 병원에는 멸균에 비용을 들일 만한 여유가 없다. 지방 의료현장은 그런 실정이다. 외과용 테이프는 사람이 손으로 만지기 때문에 먼지와 함께 균이 붙기도 쉽다. 병원 내 감염을 일으키면 아이와 노인 등 약자의 목숨을 앗아갈 수도 있다.

의료현장에는 의료기업 쪽 사람이 자주 드나든다. 의사와 함께 의료기기를 개발하기 위해서다. '의공醫工 제휴'라고 부르는 이 형태는 현재 국가 성장전략이 되었다. 그러나 병원에 출입하는 기업 인사들은 의사에게 안건을 상담할 뿐, 간호사에게 이야기를 건네는 일은 드물었다. 사업 아이디어 공유 대상이 아니라고 생각하기 때문이다.

"누군가 이 테이프 문제를 해결해 제품을 만들면 좋을 텐데."

어느 날 야마모토는 주변 화장품가게 부인에게 아무렇지도 않게 이 이야기를 들려주었다. 그런데 그 부인이 대답했다.

"그럼, 남편에게 한번 말해볼게요." 그녀의 남편이 사바에 상공회의소의 임원이었다. 며칠 후 야마모토가 상공회의소에서 의논을 한 상대가 앞서 말한 데미즈 다카아키였다. 2004년에는 야마모토도 데미즈도 아직 30대였다.

상공회의소에서 섬유산업과 산학 관련 제휴를 담당하던 데미즈는 당시 인큐베이션 매니저 양성 연수 강의를 들으면서 상공회의소가 창업이나 벤처 지원에 나서야 한다는 생각을 굳히고 있었다.

야마모토에게 전화를 걸어 이야기를 들으면서 데미즈는 생각했다. '간호사가 의료현장에서 곤란을 겪고 있다. 게다가 후생노동성도 위생관리를 하라고 지시했으니 이건 일본 전체의 문제이기도 하다. 새로운 사업은 늘 '현장의 과제'를 극복하는 데서 생겨나고 이것이 새로운 직업을 만들어낸다.'

데미즈는 야마모토에게 말했다.

"테이프를 보호하는 장치가 없다면 만들면 되지 않습니까."

그날 밤 그녀는 남편에게 자신의 아이디어를 이야기하기 시작했다. 플라스틱 케이스에 테이프를 넣어 간호사의 손에 닿지 않고도 환자 치료에 사용할 수 있도록 테이프 커터를 달면 좋겠다고. 이야기를 듣던 남편은 입을 다문 채 그 자리에서 설계를 시작했다. 3D 조형 일

을 하는 남편이 자신 있는 분야였다. 그렇게 고안한 것이 의료용 외과테이프 커터 '기루루きるる'였다.

야마모토는 당시를 이렇게 회상했다.

"데미즈 씨가 사바에 상공회의소에서 '신사업화 계획 & 아이디어 대모집'이라는 경연대회를 하고 있으니 내보지 않겠느냐고 제안했습니다. 사업계획서 같은 건 써본 적이 없습니다만 인터넷에서 찾고 남편과 의논해가면서 아무것도 모르는 상태에서 참가해 대상으로 50만 엔의 상금을 받았습니다."

병원 감염을 없앤다는 분명한 목적의식에 직결된 상품이었다. 누구라도 수긍할 아이디어라는 점을 인정받아 대상을 수상한 것이다.

아이디어를 실용화 · 사업화하는 데는 거액의 자금이 필요하다. 지원금을 받기 위해 데미즈와 의논했고 중소기업청 외곽단체인 중소기업기반정비기구(중소기구)의 사업화 지원사업을 소개받았다. 채택되면 최고 500만 엔의 지원금이 나온다. 그러나 지원금을 받기 위해서는 법인이라는 조건이 필요했다.

야마모토는 간호사 일과 육아를 병행하면서 회사 설립을 위해 뛰어다녔다. 그런 그녀를 보며 데미즈는 "무엇이든 해낼 수 있는 사람이구나." 찬사를 보냈다. 회사를 만드는 데도 자금이 필요하다. 남편이 500만 엔을 냈다. 야마모토 자신도 전 재산에 가까운 금액을 쏟아부었다. '간호사 일을 열심히 하면 어떻게든 되겠지' 하는 생각으로 마음을 다졌다. 그러던 어느 날 함께 근무하는 병원의 의사가 "돈이 필요하죠? 나는 그런 테이프 커터를 만들 수 없으니 대신 출자를 하지요." 하면서 200만 엔을 내놓았다.

2006년 그의 사업계획은 중소기업 지원사업으로 선정되었다. 그리고 야마모토는 주식회사 미디디어를 설립했다. 메디컬과 아이디어를 합친 이름이다.

사업을 진행하기 위해 야마모토는 데미즈와 함께 사바에 지역 칠기제품 제조회사와 인쇄회사 등 관련 회사들을 찾아다녔다. 금형 제작은 당초 이시카와현 노토반도에 있는 전문업자에게 의뢰했지만 실패했다. 이 문제는 사바에시와 이웃한 에치젠시의 기업으로 해결할수 있었다.

테이프 커터 '기루루'를 수천 개 만들었지만 상황이 호락호락하지는 않았다. 야마모토는 포기하지 않고 길을 개척하기 위해 뛰어다녔다. 동시에 2007 우수디자인상에 응모해 수상했다.

수상이 판매로 직결된 것은 아니었다. 의사나 병원 경영자에게 우수디자인상을 받았다고 말해봐야 효과가 없었다. 그런데 의사들보다 먼저 기루루 테이프 커터의 효용가치를 눈치챈 곳이 나타났다. 간호업계 잡지였다. '나눠주고 싶다'는 사람들이 늘어나 순식간에 불이 붙었다. 그것을 의료기업인 아사히카세이가 눈여겨보고 동남아시아 의료현장에 수출하기로 결정한 것이다. 특허청과 중소기업청은 야마모토의 행동을 다음과 같은 단어로 개념화했다.

'간공看工 제휴.' 의료와 공업기술이 연결되면 최첨단기술이 나온다는 뜻이다. 사실 환자와 누구보다 오랜 시간 밀접하게 접촉하는 사람은 간호사이다. 간호사야말로 현장의 문제가 무엇인지 잘 알고 있다. 거기를 파들어 가면 새로운 사업을 창출할 아이디어가 나온다.

야마모토에게는 테이프 커터 외에 꼭 만들고 싶은 제품이 있었다. 그는 교토에서 간호사를 하던 때 중환자실에서 근무하기를 원했다. 죽느냐 사느냐 기로에 선 사람을 구하고 싶다는 바람을 간호사라면 누구나 품는다. 그가 중환자실에 배치되기 전 "열흘 만이라도 좋으니 소아과를 도와달라"라는 요청에 응한 것이 결국 2년 근무가 되었다.

"제가 모르는 세계가 소아과에 있었고, 그것이 간호사로서 공부를 더 하게 만들었습니다." 그는 말했다.

소아병동에는 축복받아 이 세상에 태어났으나 생명의 한계상황에 내몰린 아이들이 줄지어 누워 있었다. 소아암에 걸린 아이들. 어른도 고통스러운 항암제를 아이들에게 투여하지 않으면 안 되었다.

침상 위에서 천장을 바라보는 아이들의 표정이 급속히 어두워질 때가 있다. 복도 저쪽에서 링거 스탠드의 달캉거리는 금속음이 병실로 다가올 때이다.

'이 아이들의 마음을 조금이라도 편하게 해줄 수는 없을까.'

무사히 퇴원할 수 있는 아이에게도 치료가 어려운 아이에게도, 이 시간이 성장기의 소중한 시간이라는 사실만은 다를 게 없다. '병원이니 도리가 없다'가 아니라 병원에서 조금이라도 즐거운 시간을 보내면 좋겠다는 생각을 그녀는 수없이 했었다. 그러다 후쿠이에서 다시 간호사 일을 시작한 그는 '기루루'에 이어 한 가지 더 새로운 제품을 구상해냈다. 링거 스탠드를 바꾸는 것이었다.

"후쿠이는 물건을 만드는 지역이어서 사바에 기질의 도움을 받았습니다." 그는 말했다.

그는 집에서 아이들의 저녁을 차려준 뒤 6시 30분까지 서둘러 사바에 시내 후쿠이공업고등전문학교로 갔다. 후쿠이공업고등전문학교의 특징은 지역과 연계되어 있다는 점이다. 안경, 섬유, 칠기 등 제조업이 번성한 지역 특성에 맞게 사회인이 배울 수 있도록 기술 지원을 하고 있었다. 특히 디자인과 엔지니어링을 융합한 환경디자인 계열의 전공이 있어서 사회인은 3D 설계와 디자인 수업을 별도 등록 없이도 들을 수 있었다. 야마모토는 야간강좌를 들으며 3D 설계와 프린터 기술을 배웠다.

야마모토가 원한 것은 링거 스탠드를 금속제에서 목재로 바꾸는 것이었다. 데미즈가 과거 구라시키 시절 방문한 기업 중 에치젠시에서 목공품을 제조하는 곳에 연락해 도움을 받기로 했다.

야마모토는 이렇게 말했다.

"달려갈 수 있는 거리에 열정 넘치는 사람들이 숱하게 많았고 '대금은 천천히 줘도 좋아'라고 여유 부리면서도 일은 무척이나 빨랐습니다. 사바에에는 모든 것이 갖춰져 있었습니다."

남편, 직장의 의사, 후쿠이공업고등전문학교, 시내에 있는 물건 제조 장인들, 그리고 사람과 사람을 연결해주는 코디네이터. 좁은 지역이기 때문에 열의가 전해지는 속도도 빨랐다.

"지역 자체가 자연스럽게 인큐베이터 역할을 하고 있다고 생각합니다." 데미즈의 말이다.

이렇게 해서 완성한 것이 '필feel'이라는 목제 링거 스탠드였다. 언뜻 북유럽 가구 같은 따뜻함이 느껴지는 디자인으로, 링거병을 목제 보드 안에 감추었다. 사과와 곰, 꽃 모양 보드에는 병문안 온 사람들이 메시지를 쓸 수도 있다.

어머니들은 자신의 어린아이를 병문안 와서 보드에 큰 글자로 이렇게 쓴다. '빨리 건강해져서 함께 놀아요.'

힘든 치료현장에 온기를 주는 이 한마디가 아이들의 표정을 얼마나 부드럽게 하는지. 생명을 구하는 건 최첨단 기술만이 아니다. 환자를 돌봐주는 상냥함이 어린 생명에게 희망을 불어넣는다. '간공 제휴'는 간호사들의 시선으로 새로운 길을 만드는 광맥이 된 것이다.

2010년 '필'은 우수디자인상을 수상했다. 어린이 디자인상도 받았고, 국제교류기금이 선정한 '신 현대일본 디자인 100선'에도 뽑혔다. 일본을 대표하는 제품 디자인의 하나로 로스앤젤레스를 비롯해 현재 세계 도시 곳곳에서 소개되고 있다.

오래된 신조류
'이코노믹 가드닝'

성장 가능성 있는 기업을 주변 사람들이 도와준다. 데미즈가 말한 '지역 자체가 인큐베이터'라는 사고방식은 향후 세계 경제의 주류가 될 듯하다. 미국에서도 같은 흐름이 생겨나 전국으로 확산할 조짐을 보이고 있기 때문이다.

미국에서는 이 체제를 '이코노믹 가드닝'이라고 부른다.

각자 역할을 분담해 정원을 가꾸듯 기업을 지원하는 것이다. 콜로라도주에 있는 인구 약 4만 명의 도시 리틀턴이 15년 동안 기업 하나 유치하지 않고도 세수 3배, 고용은 2배로 늘리면서 '성공모델'로 주목받기 시작했다.

이야기는 냉전시대 막바지인 1980년대 말로 거슬러 올라간다. 소련에 고르바초프 서기장이 등장한 뒤 미·소는 핵군축을 가속화했다. 평화 분위기가 조성되면서 리틀턴은 경제적 타격을 받기 시작했다. 리틀턴을 지탱했던 군수공장이 문을 닫아 수천 명의 실업자가 생겨났다. 당시 시청 상공부장이던 크리스 기번즈에게는 "군수공장 자리에 컴퓨터회사를 유치하자"라든가 "운동화공장을 유치하자"라는 요청이 들어왔다. 그러나 기번즈의 생각은 달랐다. 시대와 환경이 바뀌면 결국 기업은 다른 곳으로 옮겨가기 때문이다.

'이코노믹 가드닝' 연구의 일인자인 다큐쇼쿠대 야마모토 다카시 교수는 이렇게 말한다.

"미국에서는 기업 유치를 '이코노믹 헌팅'이라고 하는데, 헌팅하겠다는 생각 대신 지역에 있는 유망한 중소기업을 가드닝 하듯 육성하기로 한 겁니다. 풀뿌리 기업인 셈이지요. 이때 중요한 것은 행정 쪽에서 어떤 산업을 육성할 것인지 미리 정하는 게 아니라 성장이 유망한 기업 자체를 목표로 한다는 것입니다. 이를 위해서는 폭넓게 접근해야만 합니다. 그들은 지원할 기업을 '가젤'이라고 이름 붙였습니다. 가젤이란 아프리카 초원을 통통 뛰어오르는 사슴 같은 동물입니다. 그러니까 다리가 빠르고 높이 점프하는 이미지의 기업을 목표로 한 것입니다."

리틀턴 경제라는 정원에 어떤 꽃을 얼마나 활짝 피울 것인가. 상공부장 기번즈를 중심으로 지자체와 대학, NPO, 싱크탱크, 금융기관이 협력체제를 만들었다.

우선 정보 제공을 지원했다. 이를 테면 신용카드사가 소유한 고객 데이터베이스를 상상하면 된다. 미국에서는 카드회사가 이름 등을 가린 고객 데이터를 외부의 제3자에게 판매할 수 있다. 이 데이터를 통해 지역별 소비 경향을 알 수 있다. 영업 지원 효과는 절대적이다.

그리고 판로 확대를 위한 유통망 만들기, 경영자세미나 개최, 시장조사, 행정이 앞장선 영업과 경영 조언, 편리한 기업활동을 위한 인프라 정비에 나섰다. 능력 있는 인재를 리틀턴에 모으기 위해 갖가지 장벽도 없앴다.

창의적인 인재를 불러모으기 위해서는 외지인에게 관대하고 다양성을 존중하는 분위기가 필요하다. 가령 미국에서는 '게이가 좋아하는 도시가 살기 편한 지역'이라는 지표가 있다. 그쯤은 돼야 멋있는 마을이라는 것이다. 도야마 사례에서도 소개했듯 사람들은 예쁘고 매력적인 마을에 모인다. 군수공장이 있던 지역은 이렇게 변모해갔다.

행정이 가젤에게 '주목 기업'이라는 이름을 붙여주자 이것이 권위가 되어 중소기업이 성장하고 고용과 세수가 크게 늘어났다. 인구는 크게 증가하지 않았는데도 세수는 3배, 고용이 2배 늘었다. 놀랄 만한 숫자였다. 현재 기번즈는 리틀턴 시청에서 정년퇴직해 '이코노믹 가드닝 전국센터'를 운영하고 있다. 리틀턴에서 시작한 움직임은 미국 전역으로 확산되어 조지아주에서는 이코노믹 가드닝에 대기업을 '멘토 역할'로 참가시키고 있다. 코카콜라, 아플락, 액센츄어, 와코비아 등 대기업이 지역의 중소기업 육성을 맡고 있다. 대기업 쪽에서도 이를 통해 사회적 신뢰도를 높일 수 있으니 원원전략인 셈이다.

기번즈가 흥미로운 데이터를 알려주었다.

"(리먼쇼크 직후) 대불황 한가운데이던 2009년 플로리다주에서 이코노믹 가드닝 프로그램을 시작했더니 거기에 참가한 기업들이 10.5퍼센트의 성장률을 달성했습니다. 반면 참가하지 않았던 기업의 성장률은 0.5퍼센트 떨어졌습니다. 캔자스주 참가기업의 경우 20퍼센트 넘는 성장률을 보일 정도였습니다."

이 프로그램에서는 복잡계 과학이론인 카오스 이론, 시스템 사고, 네트워크 이론을 조합해 기업을 육성하고 있다. 미국 전국 규모 이노베이션과 관련된 3개의 상을 수상했고 하버드대학교의 이노베이션 어워드 최종 후보까지 올랐다고 한다.

이코노믹 가드닝은 일본의 나루토시 같은 지방도시에서 도입할 움직임을 보이고 있다. 그러나 영어로 표현돼 신선하게 느껴질 뿐 실은 아무것도 아니다. 일본에서 흔히 볼 수 있는 지역 협업을 통한 자발적 발전과 같은 것으로, 이걸 지자체가 제도화했다고 말할 수 있기 때문이다.

앞서 살펴보았듯이 사바에는 제도화하지만 않았을 뿐, 자연스럽게 흘러가는 인큐베이션 환경이 갖추어져 있다.

그러면 왜 인큐베이션 환경이 사바에에서 자생한 것일까. 그 배경에는 중앙정부의 방침에 역행하는 움직임이 있었다.

시민들,
시장을 해고하다

    교재 판매로 성공해 '그룹기업 100개 회사'를 목표로 하는 원츠그룹 회장 스즈키 히로시는 '이치즈'라는 밴드로 전국 공연을 다니는 장발의 뮤지션이기도 하다. 그는 언젠가 근처 사람들에게서 다음과 같은 이야기를 듣고는 흠칫 놀랐다. 주부들이 잡담 중에 "사바에는 독립해서 다행이야."라고 이야기를 한 것이다.

    독립? 언제부터 사바에가 독립국가가 되었지? 이야기인 즉, 2002년부터 2년에 걸쳐 사바에가 딱 둘로 갈라져 벌어진 소동을 일컫는다. '헤이세이 대합병'이라고 말하는 지자체 합병을 둘러싸고 시민들이 시장을 해임한 사건이다. 이곳에서는 사바에시와 후쿠이시 등의 합병에 반대하며 2년간에 걸쳐 벌인 시민운동을 '헤이세이의 민란'이라고 이름 붙였다. 시민이 체제를 전복시킨 셈이다.

    모리 요시로 총리 시절인 2000년 정부는 지방 분권 일괄법을 시행했다. 저출산 고령화와 지자체 재정난이라는 어려운 환경 속에서 주민에게 더 가까운 행정서비스를 제공하는 지자체의 역할은 중요하다. 헤이세이 대합병은 피해갈 수 없는 과제였다.

이즈음 후쿠이 현청 총무부장이던 마키노 햐쿠오는 총무성 주도 합병을 나서서 추진해야 할 처지에 놓였다. 후쿠이현 내 35개 지자체에 대해 합병해달라고 말하면서도 그는 의문이 들었다. 마키노가 그때 일을 되돌아보며 말했다.

"합병을 하면 아무래도 모세혈관까지 혈액이 돌지 않게 되는 건 아닌가 하는 생각이 들었습니다. 특히 후쿠이시와 사바에시는 인구 20만과 6만이라는 차이가 있기 때문에 아무리 대등한 합병이라고 말해도 실제로는 흡수합병이 됩니다. 섬유산업은 두 도시가 서로 긴밀하게 연계되어 있지만 그 외에는 연관된 것이 없기 때문에 삐걱거리는 일들이 나오지 않겠나, 생각한 것입니다."

합병에는 이점이 있었다. 인구 규모로 핵심 시가 되면 토지세와 보건행정에서 특혜가 주어졌다. 그리고 당시 쓰지 가요에몬 사바에 시장은 안경, 칠기, 섬유 등 사바에의 산업을 '후쿠이 브랜드'로 전환할 경우 해외에서 물건을 팔기 쉬울 것이라고 생각했다. 사바에가 후쿠이에 흡수되는 것이 아니냐는 걱정에 대해 시장은 '트윈시티 구상'을 내세웠다. 일단 합병한 후에 후쿠이와 사바에라는 2대 도시권을 둔다는 생각이었다.

결론부터 말하면 이 트윈시티 구상은 훗날 수많은 합병 도시에서 골칫거리가 되었다. 인구가 감소하는 상황에서 행정효율화를 꾀하려면 콤팩트시티가 바람직하다. 그런데 합병을 해버리니 옛 시들이 감정적으로 대립해 기능을 집약하는 시의 중심부가 만들어지지 않았다. 미에현 이가시가 전형적인 사례다. 이가시는 노후한 시청사 이전 문제를 두고 아직도 싸우고 있다. 합병을 통해 면적만 커졌을 뿐, 행정기능은 이전과 변함이 없다. 중심지가 없는 '큰 마을'이 만들어진 것과 같은 꼴이어서 옛 도시끼리 줄다리기를 계속하는 것이다. 특히 두 개의 상공회의소를 하나로 합칠 때는 주도권 다툼이 일어나고, 아무것도 결정하지 못하는 사태가 발생한다. 당연히 자원의 집중 투입도 불가능하다. 주민서비스 향상이 목적이었던 대합병이 서비스 향상은커녕 줄다리기라는 부작용만 낳은 것이다. 주민을 배제한 채 행정적인 편의만 생각한 효율화 정책의 결말이다.

사바에시가 이웃도시와 합병하면 '안경의 사바에' '체조의 사바에'라는 별명이 사라진다. 예상대로 사바에 시민은 딱 둘로 갈라졌다. 감정적으로 나뉘어버린 데에는 배경이 있다.

마키노의 설명이 이어졌다.

"사바에시에서는 1995년과 1998년 두 번에 걸쳐 세계체조대회가 열렸습니다. 이때 56개 나라 선수단이 찾았고 6만 8,000명의 시민 중 연인원 3만 명이 자원봉사자로 참가해 대회를 성공리에 마쳤습니다. 행정과 시민의 일체감이 강해 홈스테이 등으로 외국선수들을 수용했습니다(부연하면 후쿠이현은 자원봉사자 참가율이 전국 1위이다). 자신들이 세계대회를 성공시켰다는 의식이 강하죠. 그런데 사바에라는 도

세계체조대회 장면
사바에시에서는 1995년과 1998년 두 차례에 걸쳐 세계체조대회가 열렸다. 인구 7만 명이 채 안 되는
작은 도시에서 연인원 3만 명이 자원봉사자로 나서 두 번의 세계대회를 치러낸 것이다.

시 자체가 사라진다면 감정적으로 반발할 수밖에 없지요."

　사바에 시내에 있는 한 기업 사장은 그 반발의 중심에 누가 있었는
지를 명쾌하게 들려주었다.

　"사바에에는 사장이 많습니다. 리더 기질, 자기주장이 강한 사람이
많은 셈이죠. 제각기 주인인 그들이 입 다물고 있을 리 없지요."

　사장이란, 곧 한마디씩 자기주장을 하는 사람들이다. 이런 토양 때
문에 '민란'이 일어난 것이다. 합병 반대파가 전단을 뿌리면 찬성파
도 전단으로 대항했다. 마을은 소란스러워졌고 반대파의 서명에 이

　　　　　　　　　　　　　　　　　　　　　　　이토록 멋진 마을

어 합병에 관한 주민투표가 실시됐다. 여기서 반대파가 승리했고 시장 해직 권고안이 제출됐다. 시장도 가만히 있지 않았다. 해직 권고를 일축한 것이다. 이번에는 주민소환운동이 일어났다. 결국 시민들은 주민소환 투표를 통해 쓰지 시장을 해고해버렸다.

2004년 시장 선거에 출마한 사람이 현청 총무부장에서 오바마시 부시장, 후쿠이현 의원을 지낸 마키노 햐쿠오였다.

'시민과 융합'을 내건 마키노는 주민투표 때 합병 반대파를 넘어서는 득표수를 획득해 당선했다. 의회까지 여당인 체제가 되었다.

시장이 된 마키노는 어떤 인물일까. 사바에에서는 호쿠리쿠 최대 야외 레게 페스티벌이 열린다. '사바에 레게'라고 부르는 뮤지션의 홍보비디오에 와이셔츠 차림으로 본오도리(일본의 시골에서 백중 기간 중 밤에 마을 주민들이 모여 추는 춤. 백중맞이 춤이라고도 한다—편집자) 풍의 춤을 추는 남자가 등장한다. 작업용 장화가 썩 어울릴 듯한 시골 아저씨 스타일의 그 남자가 바로 마키노 시장이다.

세상 바쁠 거 하나 없다는 듯한 사투리를 구사하는 마키노는 아주 소박해 보인다. 그런 그가 시장에 취임한 후 시의원들로부터 의회를 무시한다는 반발을 샀다. 이유인 즉, '직접민주주의'를 시작했기 때문이다. 마키노는 말했다.

"저는 민주주의의 원점이 직접민주주의에 있다고 생각해왔습니다. 제 이상은 직접민주주의입니다. 모든 사람의 의견을 듣는 것이 가장 좋다고 생각하지요."

2010년 사바에시는 '시민주역조례'를 제정했다. 시민의 제안을 토대로 한, 12조에 이르는 헌법 같은 것이다. 한마디로 "도시 만들기를 시민 스스로의 힘으로 하겠습니다."라고 선언한 것이다. 시의원들은 선거를 통해 시민에게 권리를 위임받은 자신들을 무시하는 처사라면서 이러한 정책에 강력히 반발했다.

사바에시는 '시민주역사업'이라고 이름 붙인 행정사업을 시민에게 분담시키기 시작했다. 말하자면 '새로운 공공' '자발적인 경제'라는 개념으로 언뜻 그럴싸하지만, 여기에는 일본이 당면한 어려운 현실과 모순이 기저에 깔려 있다. 마키노 시장은 말했다.

"현재 지방행정이 떠안은 사업은 700~800개나 됩니다. 게다가 점점 늘어납니다. 지역 분권 사회가 되면서 과거 국가가 담당하던 많은 업무가 기초단체로 넘어왔습니다. 반대로 지자체의 예산과 인력은 줄고 있지요. 이런 상황에서 한정된 인력과 재원으로 주민을 만족시키려면 시민 모두의 협력이 필수적입니다. 행정을 최고의 서비스업이라고 말한다면 시민 모두는 고객입니다. 그리고 고객 모두는 동시에 주주이기도 합니다. 그 주주들에게 어떻게든 도움을 받고 싶은 것입니다. 그러니까 '고객에서 협력자로의 변혁'인 셈입니다."

사바에뿐 아니라 어느 지자체라도 변혁을 하지 않으면 유지가 불가능하다. 저출산 고령화, 인구 감소, 재정난, 불가피한 악순환에서 벗어나기 위해 '협력'이라는 키워드로 새로운 길을 열어젖힌 것이다.

마키노는 "700~800개에 이르는 행정사업 중 행정만이 할 수 있는 일은 300~400개에 불과하다"고 말했다. 시민주역사업 대상으로 사바에시는 우선 100개를 골라냈다. 민간이 맡는 게 훨씬 효율적인 사업이었다. 먼저 연수사업, 남녀 공동참여와 관련된 결혼상담, 문화사업, 문화강좌, 음악회 등으로 시작해 복지행정으로 확대해나갔다.

"시민사업으로 하는 게 훨씬 더 좋은 일들입니다. 음악회, 강연회는 지금까지 왜 입장료를 받는냐고 비판받았습니다만 민간에서 주관해 입장료를 받으니 누구도 불평하지 않습니다. 강좌 교재료도 마찬가지입니다. 민간이 주관하자 누구도 교재료 지불을 두고 화를 내지 않습니다. 강연 역시 행정에서 사람을 초청하는 것보다 시민들이 자신의 인맥을 활용해 초빙하는 쪽이 낫습니다. 무엇보다 좋은 건 해가 지날수록 시민들의 사업 제안이 늘어나 시민주역사업위원회 가운데 청년부, 자치부, 브랜드부 등 여러 부가 자생하면서 더 많은 사람이 참여하게 되었다는 사실입니다. 위원회의 범위를 넘어 '도시 만들기 응원단을 만들자'는 움직임까지 나온 것은 정말이지 기뻤습니다."

'새로운 공공'을 시작한 지자체는 사바에시만이 아니다. 과거 민주당 정권이 탄생했을 때 하토야마 유키오 총리도 제창한 개념이다. 문제는 그것을 유지할 수 있는 지자체가 거의 없었다는 점이다.

사바에시는 어떻게 이 개념을 지속시킬 수 있었을까. 민간 쪽에서 그 이유를 찾아보자.

1978년생이 만드는
도시 모델

구글안경 같은 스마트안경이 트레이드마크인 벤처기업가 후쿠노 다이스케는 1978년생으로 후쿠이공업고등전문학교 출신이다. 그는 스마트폰이 등장하기 전에 휴대전화로 인터넷을 열어볼 수 있는 풀브라우저를 세계 최초로 개발한 사람으로 알려져 있다. 'Jig.jp'라는 IT기업을 설립해 사바에의 안경회관에 개발센터를 두고 도쿄에도 사무실을 마련했다. 그는 "시장 소환선거 때는 밖이 너무 소란스러워서 좀 조용히 하면 안 될까 하고 생각했습니다."라며 쓴웃음을 지을 정도로 행정에는 무관심했다.

2008년, 약속도 없이 후쿠노를 찾아온 한 여성이 있었다. 다케베 미키라는 그 사람도 1978년생이었다. 이 지역 사람이라면 시내 상가에 있는 그녀의 본가 '다케베 무선'을 모르는 이가 없다. 가전제품 가게 '다케베 무선'을 경영하는 부모의 반대를 뿌리치고 도쿄로 떠났던 딸이 후쿠노를 만나러 간 것이다.

"돈 좀 주시지 않겠습니까. 이번에 지역활성화 계획 콘테스트를 개최하려고 합니다."

이 두 사람이야말로 사바에를 말할 때 빼놓을 수 없는 존재이다. 행정에는 전혀 관심이 없었던 두 젊은이가 시장이 마련한 씨름판에 올라가서 혹은 시장을 자신들의 씨름판에 끌어들여 지역 만들기 '사바에 모델'을 만들어낸 것이다.

도쿄와 지방의 가장 큰 차이는 소득 격차가 아니라 인재층의 두께다. 대학과 기업이 수도에 몰려 있으니 도리가 없다고 말할 수도 있지만 그런 생각으로 지방활성화란 불가능하다.

도쿄의 단기대학에 진학했던 다케베 미키는 향수병을 앓다 졸업 후 사바에로 돌아왔다. 다케베는 당시를 돌이켜 이렇게 말했다.

"단기대학은 공주과 학생들이 모인 학교라서 이야기가 전혀 통하지 않았습니다. 지금도 선명히 기억나는데, 수업 시작 전에 충격적인 장면을 목격했습니다. '안녕.' 하면서 제 옆자리에 앉았던 아이가 바로 앞자리 학생을 보고는 '와, 그거 베르사체 신상 아냐!' 하는 겁니다. 저는 어떻게 옷을 흘낏 본 것만으로 그게 신상품임을 알 수 있는지 신기할 뿐이었습니다. 대화는 언제나 프라다라든가 루이뷔통, 아오야먀의 미용실 이야기였습니다. 사바에에는 애초에 명품가게가 없었기 때문에 저는 아이들의 이야기를 따라갈 수 없었습니다. 제 취미요? 이치로의 팬이라 도쿄돔에서 아르바이트를 했습니다."

도쿄에서 취직하지 않고 사바에로 돌아온 그는 본가인 다케베 무선에서 일하기 시작했고 곧 자신의 성향을 알아차렸다. 이야기하기 좋아하고 처음 본 사람과도 스스럼없이 마주앉아 그들의 이야기를 듣는 것도 좋아한다는 사실이었다. 더불어 물건도 잘 팔았다.

"제조업체와 전화로 가격 협상까지 시작하면서 자신감이 붙었습니다. 내가 일 좀 하는 거 아닐까 하고 말이죠. 조금 더 나 자신을 시험해보고 싶어져서 다시 도쿄로 가 파견사원이 되었습니다."

때마침 라이브도어 사건(2005년 분식회계와 주가조작 등으로 일본 경제를 뒤흔든 사건—편집자)이 일어나 IT업계가 각광받았다. 그는 가미야초의 상업용 빌딩에 있는 IT기업에서 일하기 시작했다. 부장이 그와 동갑인 27세였을 만큼 젊은 회사였다. 책상도 개인사물함도 제대로 없는 상태였지만 거기서 그는 꽃이 피기 시작했다. 영업직과 엔지니어는 생각하는 것이 다르고 사용하는 단어조차 달라 사이가 좋지 않았다. 말하고 소통하는 능력이 뛰어난 그가 한 일은 영업, 엔지니어, 유저가 하고자 하는 말을 '번역'해 '연결'시키는 것이었다. 곧이어 정사원으로 발탁되어 일하던 당시를 그녀는 다음과 같이 회상했다.

"그 무렵 회사에 비치된 경제경영서를 읽고 느낀 것이 있었습니다. '아무리 노력해도 여기 있는 도쿄대, 교토대, 와세다대, 게이오대 나온 사람들을 따라갈 수는 없다, 그렇다면 모두가 자신의 목표를 달성할 수 있도록 돕는 것을 내 목표로 삼겠다'고 다짐한 것입니다."

그렇게 해서 일년 반 뒤 다른 IT 벤처회사로 옮겼다. IT기업에서 가

이토록 멋진 마을

장 놀란 것은 학생 창업을 당연하게 여긴다는 점이었다. 학생이 회사원처럼 '비용 대비 효과'에 대해 이야기하는 것을 들으며 그는 '참 재미있다'고 생각했다. 그리고 한 번 더 자신을 새롭게 평가했다. '나 자신은 정말 무엇을 하고 싶은 걸까.' 어렴풋이 머리에 떠오른 것이 고향 사바에였다. 인터넷에서 사바에의 마키노 시장 블로그를 읽었고, 그의 블로그에 댓글을 달기 시작했다.

2005년, 사바에 출신 IT 기업인으로 유명한 사이버 에이전트 후지타 스스무 사장이 후쿠이 시내에서 강연을 했다. 이날 약간의 소동이 있었다.

패널과 토론하는 자리에 후쿠이공업고등전문학교가 낳은 벤처계의 별 'jig.jp'의 후쿠노 다이스케가 올라왔다. 이야기가 무르익은 것처럼 보였고, 후지타는 강연을 이렇게 마무리지으려 했다.

"후쿠이의 젊은이는 도쿄로 가야 합니다."

후배들을 위한 격려로 던진 이 말에 후쿠노가 곧바로 반박을 했다.

"지금은 인터넷 시대입니다. 왜 도쿄에 가야 하는 겁니까? 후쿠이에서 해도 되지 않습니까?"

강연이 끝난 뒤 후쿠노에게 젊은이들이 모여들어 "말씀 잘했습니다!"라고 응원을 했다. 아무것도 아닌 발언으로 들릴 수 있지만 핵심을 찌르는 말이었다. 호쿠리쿠 사람은 대체로 도쿄에서 성장한 거물에게 이의를 제기하지 않는다. 누가 뭐래도 도쿄는 일본의 최첨단 도시였으니까. 게다가 메이지유신 이후, 무릇 뜻 있는 젊은이라면 도쿄를 목표로 성장해야 한다는 견해는 일본에서 이론의 여지가 없었다. 그런데 인터넷이 공간을 뛰어넘는다고 말하는 젊은이가 나왔다. 어떤 의미에서 획기적인 일이었다.

젊은이들이 잘했다며 자신의 어깨를 두드려주던 그 순간 후쿠노는 '사바에에서 사업을 계속 해나가겠다'고 결심했다. 그는 원래 전근으로 이 지역에 이주한 가정에서 태어나 후쿠이공업고등전문학교를 졸업한 뒤 자연스럽게 사바에에서 일을 시작했다. 그는 사바에가 '외지인에게 상냥한 도시'라고만 생각했었다.

그날 젊은이 무리를 뚫고 뮤지션 스타일의 머리 긴 남자가 다가와 "후쿠노 군, 말 잘했네, 열심히 해봅시다." 하고 말을 걸어왔다. '돈마이 스즈키'라고 자신을 소개한 그는 원츠그룹의 스즈키 히로시였다.

히로시는 '인간은 자신이 바라는 모습으로 살고 싶은 법, 욕구야말로 성장의 밑바탕'이라는 생각에서 회사 이름을 '원츠'라고 붙였다. 나아가 '살아 있는 동안 많은 지도자를 배출하고 싶다'는 목표 아래 '시리얼 앙트레프레너serial enterpreneur(연쇄창업가)'를 지향하고 있다.

이렇게 해서 후쿠노와 돈마이 스즈키가 손을 잡았다. 그들은 당시 후쿠이 산업지원센터 코디네이터였던 데미즈를 끌어들여 '창업가를 만들자!'라는 캐치프레이즈 아래 젊은이를 모아 공부하는 합동회사 '사바노야'를 만들었다.

이토록 멋진 마을

2006년 5월, 시장 취임 2년째를 맞은 마키노 햐쿠오는 시장실에 후쿠이공업고등전문학교 출신 IT 기업인들을 초대했다. 후쿠노 다이스케와 인터넷 초창기 '히데마루 에디터'를 만든 사이토 히데오 등이 었다.

시장은 이렇게 이야기를 시작했다.

"칠기, 섬유, 안경에 이어 사바에의 네 번째 산업으로 IT를 하고 싶습니다."

현청 근무시절 정보 인프라를 담당했던 시장이 후쿠이공업고등전문학교가 있는 사바에에서 IT산업을 활성화해보자고 마음먹은 것이다.

"시장님, IT라면 블로그 정도는 만들고 이야기합시다."

"유스트림도 써보세요, 시장님."

"휴대폰 기종도 바꾸는 것이 좋겠는데요."

젊은 IT 기업인들이 각자 하고 싶은 말들을 쏟아낸 그 다음날, 마키노는 휴대전화 기종을 바꾸고 당장 블로그를 시작했다.

도쿄에서 그 블로그에 댓글을 쓴 사람이 바로 다케베 미키였다. 시장도 다케베에게 답글을 달기 시작했다. 70세 가까운 고령자와 20대 여성이 사이버공간에서 연결된 것이다.

사바에에서 무언가를 해보겠다는 마음을 굳힌 다케베는 시장을 만나러 갔고 시장조사를 시작했다. 상가를 걸으며 도쿄에서 맺은 자신의 인맥을 떠올렸다. 도쿄의 인맥을 총동원하면 무언가 할 수 있지 않을까. 그렇게 해서 착안한 것이 벤처기업에서 경험한 사업계획 콘 테스트였다. 지역활성화를 위한 콘테스트. 이거라면 가능하겠다고 그는 생각했다.

"제가 꼭 실현하고 싶었던 방식은 두 가지였습니다. 먼저 지역 사 람들이 만드는 실행위원회 형태로 일하는 것, 두 번째는 지역 학생을 반드시 참여시킨다는 것이었습니다. 도쿄에서 학생 창업가들을 보며 제가 받은 충격을 지역 학생들도 경험하기를 바랐기 때문입니다. 적 극적이고 의식 높은 도시 학생들을 직접 만나 지방 학생들이 자극받 고 주체적으로 움직이는 계기를 만들어주고 싶었습니다."

도쿄대, 교토대, 와세다대, 게이오대 같은 일류대학교 학생들을 모 으는 데는 입소문과 소셜네트워크, NPO를 이용하는 방법이 가장 효 과적이었다. 하지만 교통비조차 주지 않으면서 미래 사회지도층이 될 우수한 학생들을 모을 수 있을까.

다케베는 포스터에 다음과 같은 질문형 문장을 써넣었다.

'장차 일본을 짊어질 진정한 지도자로 성장하겠다면, 일본이 안고 있는 난제인 지역활성화에 도전해보지 않겠습니까?'

그리고 대담하게도 이런 구호를 크게 내걸었다.

'시장이 돼보지 않겠습니까?'

시내 여기저기에 포스터가 붙자 화를 내며 시장실로 들이닥친 사 람들이 있었다. 시장의 후원자들이었다. 2008년 마키노는 2기째 시 장선거를 앞두고 있었다. 이제부터 시장선거를 준비해야 하는데 "대

'시장이 돼보지 않겠습니까?'라는 포스터를 든 채 활짝 웃고 있는 콘테스트 참가자들.

전국에서 모인 대학생들이 합숙을 하면서 지역 발전을 위한 아이디어를 구체화했다. 콘테스트에서 나온 구상을 행정적으로 검토해 실행화하는 작업이 동시에 이루어지면서 행사에 참가했던 학생들이 지속적으로 사바에를 찾아오는 계기를 마련했다.

항마를 모집한다고 광고를 하니 도대체 생각이 있는 거냐!"며 그들은 불뚝성을 냈다. 마키노는 그때를 돌이키며 "후원회로부터 엄청나게 빈축을 샀다"고 말했다.

"이렇게 해야만 지역 만들기와 관련해 여러 가지 제안을 해주는 학생들이 현 바깥에서 온다고, 그 점을 이해해달라고 후원자들에게 부탁을 했습니다."

한마디로 정책아이디어를 공짜로 얻을 수 있는 기회다. 시는 콘테스트에 한푼도 내지 않았다.

전국에서 학생이 모여들었고, 다케베 등이 서류심사와 면접을 실시했다. 그뒤 24명의 시장을 뽑아 사바에 활성화 계획 및 목표를 만들어보도록 했다. 사바에에 모인 24명은 조쇼지에서 합숙했고, 거기서 마키노 시장의 강의와 행정 쪽의 '실행화 검토' 작업을 동시에 진행했다. 탁상공론으로 끝내지 않으려는 것이었다. 산업에 관한 계획이라면 상공정책과, 복지에 관한 계획이라면 장수복지과 등과 논의해 행정에 반영할 수 있는지를 검토·평가했다.

다케베가 말했다.

"자신이 구상한 것을 행정 쪽에서 꼼꼼하게 협의해주기 때문에 학생들의 동기가 높아지는 겁니다. 아이디어 중 일부라도 채택되면 학생들은 '감사합니다, 무어라도 도울 게 없을까요'라며 다시 사바에를 찾아옵니다. 그리고 학생들을 위해 조언할 멘토도 초빙했습니다. 제가 도쿄에서 일할 때 만난 미쓰이물산 관계자가 자원봉사 휴가를 얻어 응원하러 와주신다든지, 과거 콘테스트 참가자 중 우수한 사람들이 멘토로 활약하든지 했지요. 이것이 학생들의 실력 향상으로 이어집니다."

이렇게 토의에 참가했던 젊은이들은 합숙이 끝나면 울면서 사바에를 떠나간다. "반드시 다시 오겠다"고 말하면서 말이다. 이런 식으로 단련된 학생은 졸업한 뒤 중앙관청이나 외국계 컨설턴트회사 등에 취직한다. 그리고 "사바에시와 일을 하고 싶다"고 말하면서 다시 방문하는 것이다.

콘테스트에서 검토한 아이디어 중 빈 점포 문제에 직면한 상가의 매출을 어떻게 늘릴 것인가라는 게 있었다. 일명 '어린이상가 아킨즈 aKInD's 사업'은 그 해결책으로 나온 아이디어였다. 지역 초등학생과 어른이 상점 주인들에게 배워가며 상품기획에서 실제 판매까지 한다는 구상이다.

역에 미니도서관을 설치하는 '셀렉트 도서분관'이나 사바에의 매력을 세계에 알리기 위해 우주비행사가 장착하는 안경을 사바에산 제품으로 권하자는 기획도 최우수상을 받았다. 사바에산 안경의 특징인 '가볍다' '강하다' '흘러내리지 않는다'를 살릴 수 있는 최적의 무대가 우주라는 점에 착안한 것이다.

콘테스트에서 나온 구상은 사바에 지역산업을 중국 시장에서 확대하기 위한 프로젝트나 스포츠 투어리즘 등 규모가 큰 기획부터 초등학생 육성 프로그램에 이르기까지 다양했다.

콘테스트 스태프로는 지역 학생들이 참가했다. 지역의 한 학생은 합숙이 끝난 뒤 중얼거리듯 이렇게 말했다고 한다.

"부끄럽다."

사바에와 아무 인연도 없는 동세대 젊은이가 교통비까지 자체 조달해 찾아와서 자신의 지역을 위해 밤잠 아껴가며 대책을 만드는데 정작 자신들은 무엇을 하고 있었느냐는 자책이다. 자극을 받은 지역 학생 스태프들은 페이스북 등을 통해 교류를 지속하며 전국 네트워크를 구축했다. 그리고 지금은 학생단체 'With'를 조직해 사바에에서 주체적으로 지역활동을 하고 있다.

이토록 멋진 마을

오픈 데이터시티,
사바에 스타일

2010년 12월, 후쿠노 다이스케는 시장실을 찾아갔다. 그와 함께 시장실을 방문한 사람은 잇시키 마사오 당시 게이오대 교수였다. 잇시키에게는 직함이 하나 더 있었다. 'W3C 일본 매니저'라는 직함이다. W3C는 WWWWorld Wide Web를 개발한 학자 팀 버너스 리가 1994년 매사추세츠공대 교수가 될 때 설립한 조직이다. 간단하게 말하면 웹의 표준기술을 개발해 정하는 것으로, 새로운 웹 세계를 만드는 조직이다. 그 일본 지부장이 잇시키 교수였다.

후쿠노와 잇시키는 마키노에게 이렇게 제안했다.

"시장님, 오픈 데이터를 합시다."

시장은 이미 사바에를 IT 도시로 만들고 싶다고 선언했다. 오픈 데이터란 시의 행정 데이터를 기계로 처리할 수 있는 형식으로 공개하자는 것이다.

"시장님, 이건 예산이 들지 않습니다. 제로예요. 데이터가 공개되면 그것으로 앱을 만듭니다. 게다가 행정 데이터를 공개하면 그 자체로 눈에 띄게 됩니다."

마키노는 시장실에서 "어이, 마키." 하며 마키타 야스카즈 정보총괄감CIO을 불렀다. 그리고는 "이거 합시다." 한마디를 던지며 데이터 시티 사바에를 만들라고 지시했다. 물론 당시 마키타는 무슨 이야기인지 감을 잡지 못했다.

후쿠노가 당시를 회상하며 말했다.

"유럽과 미국의 오픈 데이터라는 것은 국가 통계정보 중심이어서 잘 활용된다고 말하기 어려운 면이 있습니다. 그보다는 지역이 중심인 지자체 데이터를 이용해 주변생활을 바꿔가는 쪽이 재미있을 거라고 생각했습니다."

가령 시의 쓰레기 정보, 운행중인 버스의 위치정보, 관광객을 위한 관광정보 등을 스마트폰으로 볼 수 있는 것이다.

후쿠노는 하루에 하나씩 앱을 개발하는 '일일일창一日一創'이라는 목표를 세웠다. 이를테면 '화장실 검색'은 거리에서 화장실을 가고 싶을 때 가장 가까운 화장실을 지도로 안내해주는 앱이다. 재해가 났을 때 대피소나 AED(자동 제세동기)가 있는 곳을 가르쳐주는 앱도 있다.

가장 유명한 것은 소화전 앱이다. 폭설이 내린 밤 주택 화재가 났는데 소방차가 눈에 묻힌 소화전을 찾지 못해 참사로 이어진 사건이 사바에서 발생했다. 눈에 묻혔을 때를 대비해 만들어놓은 표지판도 쓰러져 소방대가 소화전을 찾는 사이 집이 전소해버린 것이다. 이

럴 때를 대비해 소화전 위치를 데이터에 등록함으로써 스마프폰으로 찾을 수 있게 한 것이 소화전 앱이다. 오픈 데이터는 생명을 구하는 것뿐 아니라 수많은 가능성으로 넘쳐난다. 후쿠노가 말했다.

"도로나 수도, 전기 등 인프라가 있는 곳이라야 산업이 생겨나듯 행정 데이터라는 인프라가 정비되면 거기에서 새로운 산업이 만들어집니다."

구직자의 수요에 맞는 구인정보 매칭서비스, 유통업의 납품처 물품조달, 사업의 인허가 정보, 날씨정보를 이용한 농업기술 고도화, 쇼핑 안내시스템 등이 새로운 서비스가 될 수 있다.

이런 '사바에 모델'을 전국으로 확산시키고 해외까지 확대한다면 또 다른 사업 기회로 이어질 수 있다. 해외에서 익숙지 않은 전철표 사기도 스마트폰 앱 하나로 간단히 해결할 수 있을지 모른다.

마키노 시장은 이렇게 말했다.

"아이디어 콘테스트에 모인 작품은 여러 오픈 데이터를 조합한, 행정 쪽에서 전혀 생각하지 못한 것들로 가득했습니다. 예상하지 못한 일이 일어나는 것이야말로 진정한 혁신이라고 생각합니다."

이것은 사바에가 해나가는 '제안형 시민주역사업'과 친화성이 높다. 시민주역사업은 '행정은 관리하고 주민은 서비스 받는다'라는 통상적 개념을 벗어난다. 행정 데이터를 이용해 시민이 앱 개발에 참여하고 새로운 행정서비스를 만들어낸다. 이것이 사바에 스타일이다.

사람이 사람을 끌어들여 사회 작동방식을 바꿔가는 것이다. 후쿠노는 이렇게 말했다.

"세대를 불문해 모든 사람이 사바에를 세계에서 가장 살기 편한 도시로 생각하게 만들고 싶습니다. 저는 이시카와현에서 태어나 아이치, 미에로 이사하며 살았지만 사바에는 외지인에게 너그러운 곳이에요."

이렇듯 너그러운 풍토 덕에 사바에는 가장 미래지향적인 지역으로 거듭난 것인지 모른다.

이토록 멋진 마을

제4장

학교 수업에 답이 있다

1998년,
세상은 변했다

"일본이 더 나은 미래를 만들 수 있을지 아닐지는 후쿠이에 달려 있습니다."

이 말을 문부과학성 구내식당에서 들었다. 일본 행정의 주축인 중앙부처에서 근무하는 고시 출신 관료가 인구 79만 명의 작은 현에 기대를 거는 것은 의외인지도 모른다.

왜 후쿠이현일까. 그 답을 끌어내기 위해 전후의 긴 역사 속에 있는 어떤 전환점에 대해 말하지 않으면 안 된다. 이야기를 1996년의 영국 케임브리지로 거슬러 올라가 시작해보겠다.

1996년 8월. 일본 남성 공무원 두 명이 명문 케임브리지대학교 거턴칼리지로 찾아갔다. 파릇파릇한 잔디정원과 역사의 무게를 간직한 적벽돌 교사校舎가 인상적인 곳이었다. 옛 문부성의 20대 계장과 전문 조사원이었다. 영국, 프랑스, 독일 대학의 입시제도를 조사하기 위해 첫 방문지인 케임브리지로 갔던 것이다.

그해 1월 총리에 취임한 하시모토 류타로는 '6대 개혁'을 선언했다. 바로 '행정' '재정구조' '사회보장구조' '경제구조' '금융시스템' '교육' 개혁이었다. 관방장관을 지낸 고토다 마사하루가 "류 군은 욕심쟁이야."라고 쓴웃음을 지으며 현실성을 걱정할 정도로 일본 사회구조 자체를 대대적으로 바꾸려는 것이었다. 하시모토가 굳이 6개 분야를 동시에 개혁하려 한 것은 이들이 밀접한 연관성을 지녔기 때문이다. 재정과 사회보장 문제는 떼어놓을 수 없고, 경제구조와 교육도 마찬가지다. '21세기의 새로운 일본을 구축하겠다'는 하시모토의 의지는 중앙부처 젊은 관료들을 크게 고무시켰다고 한다.

6대 개혁의 하나인 교육을 대학입시에서부터 바꾸기 위해 옛 문부성 직원 두 명은 케임브리지대학교의 입학사무국, 그리고 거턴칼리지의 입학담당 직원 줄리아 릴레이의 사무실을 방문했다.

릴레이는 노벨생리학·의학상을 수상한 아치볼드 힐 박사의 손자로, 그 역시 물리학자였다. 할아버지 아치볼드는 히틀러의 박해를 피해온 과학자들을 보호해준 케임브리지대학교 이사회의 한 사람으로도 알려져 있다.

일본에서 온 관료가 입학시스템을 다 들은 뒤 질문한 것은 면접에 관해서였다. 케임브리지를 지원하는 젊은이들은 대학입학자격시험에서 고득점을 얻었고, 학교 성적이나 내신도 더 바랄 것 없는 수준이다. 그런 지원자들 중에서 면접을 통해 합격자를 뽑는 것은 매우 어려운 일이라고 할 수 있다. 릴레이는 이렇게 대답했다.

"면접에서는 다른 걸 보지 않으면 안 됩니다."

1인당 최저 두 번은 치러야 할 면접에서는 지식을 비교해봐야 별 의미가 없다. 따라서 습득한 지식을 얼마나 다양하게 응용할 수 있는지를 따져본다. 가령 프랑스의 알제리 식민정책에 대해 질문했을 때 교과서대로 대답해서는 케임브리지가 요구하는 학생이라고 볼 수 없다. 또는 면접관이 눈앞의 지원자를 무시하고 신문을 열심히 읽는 등 연기까지 한다. 학생의 상황 대처능력을 보는 것이다.

일본의 젊은 관료는 릴레이에게 다시 물었다.

"대학이 합격자를 뽑을 때 보는 건 무엇입니까."

릴레이는 한마디로 답했다. "굿 엑센트리서티good eccentricity."

'좋은 괴짜'라는 말이다. 교과서를 넘어선 발상과 대응력이 있는 젊은이를 케임브리지는 원한다. 그것을 "엑센트리크한 좋은 녀석"이라고 표현한 것이다.

이 말을 듣는 순간 젊은 관료는 '몸이 떨렸다'고 한다.

'역시 사회적으로 성숙한 나라는 다르구나.'

그를 감탄케 했던 이야기는 지금에 와서 보면 쉽게 납득이 된다. 얼마 지나지 않아 일본 사회 역시 전례나 규정대로 열심히 일만 해서는 통하지 않는 사회로 변모했기 때문이다. 살아가기 위해서는 사고 방식을 바꾸지 않으면 안 되었다. 특히 사회를 이끌어가는 지도자에게는 미래를 새롭게 창조할 사고능력이 요구되었다. 일본에 결정적으로 부족한 것이야말로 환경 변화에 대응할 수 있는 '좋은 괴짜'다.

그 전환점이 불과 2년 뒤인 1998년에 찾아오리라고는 아무도 알아차리지 못했다.

1998년 일본 사회는 전후에 차곡차곡 쌓아올린 토대가 와르르 무너졌다. 그해는 일본의 자살자 수가 급증한 해로도 잘 알려져 있다. 오랫동안 연간 2만 명대 전반을 유지하던 자살자 수가 3만 2,863명으로 치솟았다. 이후 13년간 3만 명대가 무너진 적이 없었다.

"자살자가 급증한 이유는 지금도 수수께끼입니다." 우울병에 걸린 사람을 다수 만나온 한 심리상담사는 이렇게 말했다. "야마이치증권의 경영 파탄과 아시아 외환위기가 전혀 영향을 주지 않은 것은 아니겠지요. 그러나 그것만으로는 설명이 부족합니다. 경기가 자살자 숫자에 영향을 주기는 하지만, 100년에 한 번이라고 말하는 리먼쇼크 때 자살자가 1만 명 더 늘었느냐 하면, 그렇지도 않았습니다. 그해 일본에 무언가 변화가 있었다고 생각합니다."

1998년에 일본이 변했다는 이야기는 재무성과 한 대형은행 간부에게서도 들었다. 1998년 6대 개혁에 착수하려던 하시모토 류타로는 참의원 선거 패배 책임을 지고 내각을 총사퇴했다. 그해가 상징적이었던 것은 일본의 명목 국내총생산GDP이 정점에 도달해 성장이 멈추었다는 점이다. 경제 규모 확대가 그해에 끝나고 기업의 경쟁력이 떨어지기 시작했다. 국내 수요 역시 계속 감소했다.

1998년의 수수께끼를 풀어가는 동안에 젊은 대학교수를 만났다. 게이오대학교 이데 에이사쿠 교수였다. 그가 관심을 가진 분야가 흥

이토록 멋진 마을

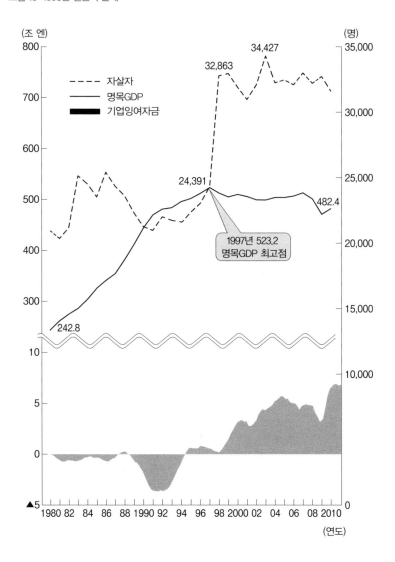

그림 13 1998년 일본의 문제

(조 엔)   (명)

- - - - 자살자
—— 명목GDP
████ 기업잉여자금

34,427

32,863

24,391

1997년 523.2
명목GDP 최고점

482.4

242.8

미로웠다. 금융기관과 기업의 관계였다. 전후 기업은 금융기관에서 자금을 조달해 설비투자 등에 투입했다. "그러나 1998년을 전환점으로 기업은 투자과잉에서 저축과잉으로 돌아서 내부 조달에 의존하는 내부 유보 경영으로 바뀝니다." 이데 교수는 이렇게 말했다. 그해부터 기업의 순자산은 늘었다. 금융기관의 대출이 엄격해지고 대출금 회수에 대한 불신이 생겨났으며 이듬해부터 국제 회계기준이 도입되어 기업이 부채를 줄인 것이다.

이때부터 국민 생활이 크게 바뀌었음을 나타내는 지표는 인건비 데이터이다. 역시 1998년을 기점으로 고용자 임금증가율이 마이너스로 바뀌었다. 임금이 하락하기 시작했고 특히 보너스가 극단적으로 줄어들었다. 비정규직, 저임금 등 오늘날 일본이 안고 있는 문제가 1998년에 시작된 것이다. 비정규직 고용과 저임금의 영향을 받아 젊은이들의 라이프스타일이 만혼과 저출산으로 바뀌었다. 여기에 금융자산 제로 세대, 즉 저축이 전혀 없는 가정이 늘고 중산층이 줄어든다. 선진국이 극적인 진보와 성장을 이룩한 20세기가 실제로 막을 내린 해는 1998년이라고 말해도 과언이 아닐 것이다.

정부의 경제정책이 통하지 않고 국민의 요구와도 어긋났다. 납세자가 정책의 과실을 실감하지 못하면서 국민은 정부를 믿지 않게 되었다. 이데 교수가 알려준 상징적인 데이터가 있다. NHK방송문화연구소가 실시한 '일본인의 의식' 조사다. '국민의 의견과 희망이 국가 정치에 어느 정도 반영되고 있다고 생각합니까?'라는 질문에 대해 '전

혀 반영되고 있지 않다'라고 답한 사람의 비율은 그 전까지 10퍼센트
대를 유지했지만, 1998년 30퍼센트대로 치솟은 후 이런 경향이 지속
된 것이다. 정부에 대한 불신과 자살에 이를 정도의 절망. 사회를 작
동시켜온 신뢰의 끈이 1998년부터 싹둑싹둑 끊어지기 시작했다. 한
마디로 말해 신용을 기반으로 하던 사회 상식이 더 이상 작동하지 않
게 된 것이다. 그 경계지점이 1998년이었다.

지금까지 해온 방식이 통하지 않으니 옛날처럼 산업경쟁을 계속해
도 과거와 같은 성장은 불가능하다. 시대를 창조하기 위해 필요한 것
은 새로운 가치를 만들어내는 사고의 힘이다. 이 같은 생각을 한 곳
은 파리에 본부를 둔 경제협력개발기구였다.

OECD는 '키 컴피턴시key competency(직업기초능력)'라 불리는 새로운
능력개념을 만들어냈다. 사회 문제에 대처할 수 있는 유연한 능력을
말한다. 새로운 시대를 만들기 위해서는 교육으로 사람을 키울 수밖
에 없다. 이러한 관점 아래 2000년부터 OECD가 시작한 것이 학습도
달도조사PISA이다. 전 세계 15세를 대상으로 사고력을 묻는, 모범정
답이 없는 시험이다.

새로운 사회를 만드는 주인공은 교과서의 지식을 완벽하게 습득하
는 사람이 아니라 교과서가 가르치지 않는 시각으로 문제를 해결해
내는 '굿 엑센트리서티'이다. 그런 시대가 곧 도래할 것이라고 1990년
대에 누가 예측이나 할 수 있었을까.

무엇을 가르쳐야
할까?

"그때는 제가 미숙했습니다. 조사보고서에 '굿 엑센트리서티'라는 키워드를 쓰지 않았거든요."

당시 케임브리지를 방문했던, 이제 40대가 된 관료는 문부과학성 구내식당에서 이렇게 말했다. 설령 굿 엑센트리서티라는 단어를 보고서에 썼더라도 그때는 아무도 이해하지 못했을 것이다. 교육에 대한 사고방식이 당시와 지금은 너무 다르다. 감추어진 문부과학성의 트라우마가 거기에 영향을 주었다.

필자를 포함해 많은 국민이 잊거나 몰랐던 문부과학성의 트라우마란 1962년의 교육백서 〈일본의 성장과 교육〉을 말한다. 당시 이 백서는 심한 비판을 받았다. 교육을 투자라고 표현했기 때문이다. 백서는 제1장부터 이런 글로 시작한다.

'미래의 경제발전을 위해서는 현재의 모든 자원을 개발하기 위한 투자가 필요하고, 그 자원의 하나로써 인적능력 개발을 위해 교육도

그림 14 **일본의 경제성장률과 인구증가율 변화**

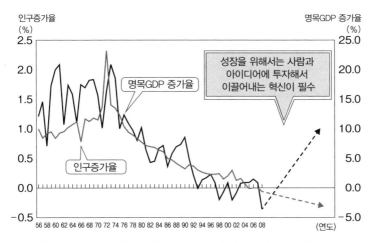

(출처) 인구: 일본 총무성 '인구추계', 명목GDP: 2009년도 '연차 경제재정 보고서'
(일본 문부과학성 고등교육국 자료)

인구와 경제는 연동한다. 점점 줄어드는 인구로 경제를 성장시키려면 교육이 필수다.

하나의 중요한 투자 부문으로 만들어낸다.'

다가올 사회상을 예견한 뒤 사람을 어떻게 키우고 어떤 능력을 배양해줄 것인지 사회적인 합의를 공유해가자는 의미다. 미래상을 먼저 그린 뒤 거기에 맞는 사람을 키우자는 '역발상'을 한 것이다. 그러나 이 역발상이 집중포화를 맞았다. 말하자면 '교육의 숭고한 목적을 망각한 채 산업사회의 인재를 만들겠다는 식으로 축소시켰다'는 비판이었다. 그 결과 일본은 '스크리닝형' 교육을 선택하게 된 셈이다. 교육의 내용보다도 재미없는 수업을 참고 들으며 의욕을 잃지 않고 암기할 수 있는 아이가 성적순으로 대학에 들어가고 대학 순위에 따라 기업에 취직하는 방식이다. 걸러내기(스크리닝) 위해 시험이 존재하며 그를 위해 교육한다고 해도 과언이 아니다.

그러나 교육을 투자로 보고 성과를 낸 국가가 있다. 인도이다. 전후 네루 총리는 "자원이 없는 인도의 유일한 자원은 사람이다"라고 말하며 과학 교육에 힘을 쏟았다. 네루가 케임브리지대학교 유학 경험에서 영향을 받았는지는 분명하지 않다. 확실한 건 눈에 보이는 성과이다. 미국의 애플, 구글, 페이스북 등 세계를 석권하는 IT기업에는 인도계 임원이 수두룩하다.

2006년 당시 스가 요시히데 총무장관의 사적 간담회인 'ICT 국제경쟁력 간담회'에서 처음 거론돼 일본을 상징하는 키워드로 자리잡은 말이 있다. 바로 '갈라파고스화'이다. 간담회에 참석한 NTT와 KDDI

이토록 멋진 마을

그림 15 일본의 진학률은 국제적으로 볼 때 낮은 수준

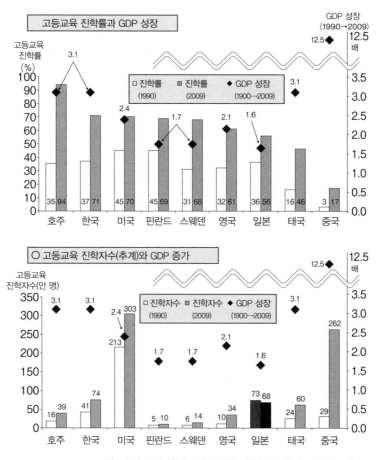

일본 자료는 문부과학성 조사(단기대학 포함). (문부과학성 고등교육국 자료)

일본은 1970년대 중반까지 진학률을 인위적으로 억제해 36퍼센트 전후를 유지해왔다. 그 후 대도시 대학으로 진학을 억제해 지방대학을 정비하는 등 조정을 해왔지만 2003년에 대학 정원 억제 방침을 폐지했다. 그 결과 진학률은 늘었지만 저출산으로 진학자 숫자는 줄고 있다.

등 대기업 통신사를 비롯해 도시바, 캐논, 스미토모상사의 사장과 학자는 "국내시장은 요람이다"라고 말했다. 요람처럼 편안한 국내 소비자만 상대하다 정신을 차렸더니 세계시장에서 통하지 않는 상품을 계속 만들고 있었다는 것이다. 그 양상이 마치 '갈라파고스 제도의 동물과 같다'면서 이구동성으로 위기감을 피력한 것이다.

이 위기의식은 미국 듀크대학교 캐시 데이비드슨 교수가 〈뉴욕타임스〉 인터뷰에서 전한 유명한 이야기와도 통한다. 그는 말했다.

"2011년에 미국 초등학교에 입학한 아이의 65퍼센트는 대학 졸업 때 지금은 존재하지 않는 일자리에 취업할 것이다."

인구가 감소하는 상황에서 요구되는 능력은 새로운 일자리를 만들어내고 한 사람 한 사람의 생산성을 높이는 일이다. 이를 가능케 하는 것은 교육밖에 없다. 그러나 일본이 그런 고등교육을 충분히 하고 있다고 말하기는 어렵다. 56퍼센트라는 대학진학률도 세계적으로 볼 때 결코 높지 않다. 저출산으로 인해 모든 학생이 대학에 진학하는 시대라고 말하지만 정작 '가고 싶은' 대학은 정해져 있기 때문이다. 게다가 서둘러야 할 것은 '질적인 개혁'이다.

과거 케임브리지대학교에 갔던 관료는 문부과학성 구내식당에서 이렇게 말했다.

"일본의 교육을 바꿀 수 있는 것은 후쿠이대학교의 교직대학원밖에 없습니다."

이토록 멋진 마을

후쿠이현은 사회의 토양이 급격하게 바뀐 1998년보다 한참 전부터 '역발상'으로 사람을 교육해온 지역이라고 한다. 일본에서 가장 빨리 중국에 추월당한 후쿠이현 사바에시가 그럼에도 불구하고 망하지 않은 비밀은 미래를 만드는 사고능력, 환경에 적응해 체제를 변화시키는 유연한 발상능력에 있다. 어떻게 해서 그런 것들이 생겨났을까. 그 답을 후쿠이의 교육에서 찾아낼 수 있지 않을까.

후쿠이현은 이를 교사 바꾸기에서 시작했다. 바로 '교직대학원'이라는 조직과 연관된 것이다. 그곳에서는 대체 어떤 수업을 하고 있는 것일까.

다시 후쿠이현으로 향했다.

교육에도
컬래버래이션이 필요해

후쿠이현의 초·중학교에는 전국의 교사들이 수시로 시찰하러 온다. 궁금한 것은 딱 한 가지다.

"왜 시험에서 언제나 1등입니까?"

문부과학성이 해마다 실시하는 '전국학력평가'에서 후쿠이현의 초·중학교는 아키타현과 늘 전국 수위를 다툰다. 2014년에도 초등학교 2위(아키타현 1위), 중학교 1위(아키타현 2위)로 압도적으로 높은 수준을 보였다. 체육 분야에서도 전국 1등이다. 후쿠이현은 학원에 다니는 학생 비율이 전국 평균보다 낮다. 시찰하러 온 교사들로부터 어떻게 학교수업만으로 고득점을 낼 수 있느냐는 질문을 숱하게 들어온 후쿠이대학교 부속중학교 사회과 담당 모리타 후미오 선생은 이렇게 말했다.

"정말 자주 받는 질문입니다만 학생들에게는 '학력시험이 있어요' 하고 알려줄 뿐, 시험에 대비하기 위해 복사물을 나눠준다든지 하는 일은 없습니다. 그저 매일 하는 수업의 비중이 크다고 생각합니다."

수업이 얼마나 다른 걸까. 모리타 자신이 경험을 했다. 지금부터 30년도 더 전에 그는 후쿠이대 부속중학교를 졸업했다. 그는 고등학교 진학 직후 문화충격을 받았다고 한다. 교사가 칠판 앞에 서서 수업을 시작하는 것을 보고 당시 15세였던 그는 이런 생각을 했다. '에이, 수업이 왜 이렇게 재미가 없어?'

교사가 계속 말을 한다. 학생들은 그것을 듣고만 있다.

'모두 이걸 재미있다고 생각하는 걸까?'

네모난 교실 앞에 칠판이 있고 교사가 가르치고 학생들이 공책에 필기하면서 듣는다. 이것은 메이지시대 이후 일본 어디서나 볼 수 있는 일상적 수업 풍경이었다. '서구를 따라가 뛰어넘으라'는 깃발 아래 사람을 교육하는 가장 효율성 높은 수업 형태였고, 대량생산·대량소비의 고도경제성장을 이끌어낸 방식이다. 국민의 지식수준과 교육수준을 올려서 성장하는 사회를 만들어왔다.

그러나 아이들은 교사가 가르쳐준 지식을 제대로 이해하고 있는 걸까. 교사는 아이들이 이해했다고 믿는다. 그러나 아이들 스스로 생각해서 터득한 '배움'일까.

고등학교에 막 입학한 모리타처럼 30년도 더 전에 학교교육의 사회적 역할에 대해 고민하며 이야기를 나눈 4명의 젊은이가 있었다.

현재 후쿠이대학교 교직대학원의 데라오카 히데오 부학장, 모리

그림 16 2014년 전국학력평가

초등학교

순위	지자체	평균 정답수 합계(전체 55개 문제)
1	아키타현	41.4
2	후쿠이현	39.8
3	이시카와현	39.7
4	아오모리현	39.2
5	도야마현	39.0
6	히로시마현	38.7
7	도쿄도	38.5
8	니가타현	38.4
8	이바라키현	38.4
10	돗토리현	38.3

중학교

순위	지자체	평균 정답수 합계(전체 92개 문제)
1	후쿠이현	68.4
2	아키타현	68.1
3	도야마현	66.4
4	이시카와현	66.0
5	시즈오카현	65.7
6	야마구치현	65.2
7	군마현	65.1
8	도쿄도	64.7
8	아오모리현	64.7
10	에히메현	64.6

(국립교육정책연구소)

도루 교수, 마쓰키 겐이치 부속학원장, 야나기사와 쇼이치 전공장이다. 교원을 양성하는 교육학부에서 알게 된 4명은 약속을 했다.

"우리 넷은 이동하지 말고 팀을 이뤄 후쿠이에서 일본 교육을 개혁해보자. 전공은 각자 다르지만 학문의 벽을 넘어서는 새로운 시도를 해보는 것이다. 어쩌면 세상을 바꾸는 재미난 일이 될지도 모른다."

교사를 제대로 양성해 학교를 바꾸어가자는 시도였다. 그러나 마쓰키는 당시를 돌아보며 "함께 했더니 서로 화를 내고 말싸움만 벌이기 일쑤였습니다."라고 말했다. "저는 교육임상심리학이 전공이고 다른 셋은 교육사, 교육방법학, 사회교육학으로 전공이 다 달랐습니다. 교육학부는 연구가 다양한 분야에 걸쳐 있어 학제적이라고 합니다만 실제로는 한 사람 한 분야 체제의 집합입니다. 가령 심리학 전공인 저에 대해 이런 식으로 비판을 하는 겁니다. '일본의 교육을 나쁘게 한 것은 심리학이다. 심리학이 표준편차라든지 평가방법 등 필요없는 개념을 숱하게 집어넣은 탓에 시험 위주의 학교교육이 된 것이다.' 그런 말을 들으면 저는 기분이 상해서 비아냥거립니다. '교육학이 지금까지 살아남은 건 뭐 하나 세상에 도움되는 게 없어서 아니냐. 현장에도 아무런 영향력을 발휘하지 못하고 연구실에 앉아 남는 시간을 주체하지 못했기 때문에 살아남은 것이다.' 교사 양성 같은 건 아랑곳하지 않고 시비조 토론으로 허송했습니다."

그러다가 4명은 깨달았다. '당신의 학문이 이상하다'고 말다툼만 해서는 일이 될 리 없다. 교사 자질의 질적 향상을 도모하자는 데는

4명의 의견이 일치했다. 그러기 위해서는 대학부터 바꿔야 하는데도 각자 자신의 분야에만 몰두했던 것이다. 4명이 팀을 만든 지 4년이 지났다. 그들은 '협동'이 잘 작동할 기회를 얻었다. 초등학교에 직접 가서 수업을 지원하는 '실천연구'를 시작한 것이다.

"현장실습조차 해보지 않고 당신의 학문이 이상하다고 말다툼해봐야 아무 의미 없다고 생각했습니다." 마쓰키의 말이다.

나 자신의 능력과 전문성이 실제 교과활동을 지원하고 육성하는 데 얼마나 이용될 수 있을까. 전문 분야의 가치는 수업이나 학교활동을 얼마나 도울 수 있는지로 판가름된다.

이렇게 해서 완성한 개념이 '컬래버레이션'이다.

컬래버레이션은 역할분담이 아니다. 상대방의 전문성을 살리는 데 나의 전문성이 어떻게 쓰일 수 있는지를 생각하고 실행하는 것이다.

지금까지 살펴본 지역 만들기 사례에서 한결같이 나타난 공통 방식이다. 그러니까 지역이라는 '장소'를 무대로 사람, 지혜, 돈을 선순환시키는 협업이다. 다른 사람이 해주기 바라는 고객 마인드로는 선순환을 이뤄낼 수 없다. 공동의 과제를 '자기 일'로 여겨 내가 가진 무기로 무엇을 해결할 수 있을지 생각해야만 순환이 시작된다.

그렇다면 컬래버레이션은 후쿠이현 아이들의 학력과 어떻게 연관되는 것일까.

원형탁자가
일으킨 마법

교직대학원은 교사의 전문성을 높이기 위해 2008년 개설한 기관으로 현재 전국 28개 국립·사립대학교에 설치되어 있다.

자민당 소속 국회의원 중에는 구상단계에서 교직대학원 설치에 반대한 사람이 적지 않았다. "일교조日教組(일본교직원조합) 양성코스가 되는 것 아니냐"는 비판이 비등했고 '재정적으로 어렵다'는 눈앞의 난제도 만만치 않았다. 그러다 자민당 본부의 '교육재생실행본부'에 모인 의원들은 후쿠이대학교 대학원에서 불러온 마쓰키 겐이치의 이야기를 들은 뒤 설치 찬성으로 돌아섰다.

앞서 소개한 마쓰키 등 4명은 국가가 교직대학원을 도입하기 전인 2000년부터 이 대학원의 모델이 될 작업을 시작했다. 교사의 수준을 바꿔 수업을 변화시키고 이를 통해 학교를 바꾼다. 그러기 위한 체제를 새로 만들자는 것이었다.

이 작업은 실패로 시작했다. 우선 교육현장에서 가르치는 우수한 교사를 2년간 대학원에 보낸다는 것이 무리였다. 우수한 교사가 빠져 나가 버린다는 점에서 학교가 반발했다. 게다가 2년간 150만 엔의 수 업료가 필요한 대학원에 누구도 진학하려 하지 않았다. 선뜻 나선 소수의 교사들조차 재충전 정도로 생각할 뿐이었다.

가장 큰 문제는 매해 대학원에 30여 명의 교사를 입학시킨다 해도 후쿠이현 내 모든 교사의 수준을 바꾸는 데 몇 년이 걸릴지 알 수 없 다는 점이었다. 아무리 생각해도 난망한 일이었다. 그들은 생각을 바 꾸었다. 결론은 '학급거점 방식'이었다. 마쓰키가 설명했다.

"대학원 안에서만 가르쳐서는 소용이 없습니다. 그래서 대학원 교 수들이 교사가 있는 학교로 직접 나가 대학원생이 된 교사를 지원하 기로 한 것입니다. 그러면 대학원에 입학하지 않은 같은 학교 교사들 이 동참하게 되므로 학교 개혁을 지원할 수 있는 셈입니다."

대학원 강의실 수업과 더불어 진행하는 학교 출장지도. 현장실습 을 통해 배움이 심화되는 능동형 학습이었다. 중요한 것은 누구를 대 학원에 입학시키는가 하는 문제였다.

"구성원 모두를 바꾸는 것은 무리입니다. 그런데 기업이든 학교든 조직에는 반드시 영향력을 발휘하는 20~30퍼센트의 주축이 있습니 다. 이들이 주위 사람들을 자극해 조직 전체를 움직이는 겁니다."

주축이 될 교사들을 대학원에 입학시키기 위해 찾아나섰다. 이들 을 변화시킬 도구가 대학원에 이미 준비되어 있었다. 원형탁자였다.

원형탁자가 인간의 사고회로를 얼마나 변화시켰는지 소개하겠다.

이토록 멋진 마을

교직대학원에는 '컬래버레이션'이라는 이름의 넓은 교실이 있다. 이름은 30년도 더 전에 4명이 알아낸 개념에서 따왔다. 홀에 원형탁자를 놓아두고 거기서 철저하게 토론을 벌인다.

마쓰키가 말했다.

"교사는 혼자서 바쁘게 이리저리 뛰어다닐 뿐 다른 사람과 토론하는 행위는 거의 하지 않습니다. 자신의 생각이나 소중하게 여기는 교육이념 등을 남 앞에서 말한 경험이 없는 겁니다. 그래서 자신이 중요하다고 생각하는 것을 이야기하는 것부터 시작했습니다."

이런 시도를 하자 입학하고 얼마 지나지 않은 골든위크 막바지부터 비판이 나오기 시작했다. 수학교사는 같은 수학교사와 수업 방법을 토론해서 수업 수준을 높이겠다는 마음으로 원형탁자에 앉았는데 웬걸, 함께 앉은 사람은 특별지원학급 교사이거나 보육사이거나 국어교사이거나 장애인 시설의 직원 등 제각각이었다. 토론은커녕 무의미한 이야기만 주고받게 된다는 불만의 목소리였다.

그런데 불만을 가졌던 교사 자신이 변화를 느끼기 시작했다.

수학을 가르친 경험도 관심도 없는 사람에게 가장 기본적인 단계에서부터 자신의 일을 이야기하지 않으면 안 된다. 열심히 이야기를 하다보니 머릿속에서만 맴돌던 자신의 교육관이 정리되는 것이었다.

게다가 남들이 알아듣도록 하려면 상대에게 전달되는, 서로 공유할 만한 가치관에서부터 '이야기'를 시작하지 않으면 안 된다. 말하자면 교육의 원점에서부터 현재 자신의 업무까지 돌아보지 않으면 안

되는 것이다. 이렇게 해서 무엇이 중요한가를 자각해간다.

한편 마쓰키는 이런 이야기도 했다.

"청중은 사실 이야기의 반 정도밖에 듣지 못합니다. 나머지 절반은 머릿속에서 자신의 체험과 연결시키는 겁니다. 다른 사람의 체험을 들으면서 '아, 내가 그때 잘하지 못했던 것은 그 때문일까' 혹은 '내가 하고 싶었던 게 이것이었나?' 하고 자신의 체험과 생각에 비춰보는 거지요. 그렇게 과거의 체험에 새로운 의미를 부여해서 끊임없이 현재를 새로 만드는 것입니다."

원형탁자는 '관점을 얻는' 효과를 가져왔다. 복수의 관점과 체험을 통해 '성찰'이라는 사고가 생겨난다. 말하자면 원형탁자라는 장소를 이용해 철저한 커뮤니케이션을 통한 사고훈련을 하는 것이다.

변화는 금방 드러났다.

"교사들은 아이들에 대해 말하기 시작했습니다. 아이들에 대해 말하지 않는 교사는 성장하지 않습니다." 마쓰키의 설명이다.

이런 경험을 한 주축 교사들의 영향을 받아 교무실의 선생님들이 변하기 시작했다. 현장 교사에게 물어보면 이렇게 말한다.

"초임 교사의 대화 내용이 학년말쯤에는 확 바뀌게 됩니다. '누구 누구의 공부가 늘었다'라는 식으로 대화의 중심에 항상 아이들이 놓이는 겁니다."

마쓰키 등은 학교교육의 역할이 바뀌었다고 생각했다. 학교에서 배운 지식이 올바른 답이라고 생각했더라도 관점이나 의견이 다른 사람을 만나면 그게 쉽게 뒤집어져버린다. 세계화가 가속화되는 지금은 더 말할 것도 없다.

간단한 문제 해결법은 없다. 문제가 어디에 있는지 스스로 찾아내 정보를 모으고 숙고한 뒤 판단할 수 있는 사람이라면 족하다. 다른 의견을 가진 사람들 사이에서 필요한 것은 '합의 형성'이다.

교사 자신이 토론 과정에서 상대를 설득하는 표현력을 키우고 자기 자신도 변화하는 경험을 하는 것이 좋다. 이것이 원형탁자를 이용해 매해 두 차례 실시하는 '실천연구 후쿠이 라운드테이블'이라는 대회로 결실을 봤다.

2001년 참가자 30명으로 시작한 '실천연구 후쿠이 라운드테이블'은 아이들의 '생각 수준'을 바꾸고 싶다는 교사와 교육실습생이 차츰 늘어 내가 참가한 2014년 6월에는 규슈와 간토, 그리고 도쿄에 있는 대학교 교육학부 학생들도 있었다. 그때 나와 같은 테이블에 앉은 사람이 앞서 소개한 후쿠이대학교 부속중학교의 모리타 선생님이었다. 30여 년 전 고교 수업이 '재미없다'고 생각했다는 그에게 중학교 시절에는 어떤 수업을 받았느냐고 물으니 이렇게 답했다.

"부속중학교에는 10년 앞을 내다보며 도전하듯 수업을 하자는 전통이 있었습니다."

10년 앞을 내다본다. '역발상'이 키워드였다.

생각이
생각을 낳고⋯,

　　모리타가 중학생 시절에 체험한 '10년 앞을 내다본 수업'은 후쿠이현 교육의 기초가 되었다. 후쿠이현 교사들은 옛 문부성 시절부터 학습지도요령이 나올 때마다 '앞으로 아이들이 어떤 공부를 해갈 것인가'라는 주제 아래 미래를 전망하는 토론을 반복해왔다. 나아가 시험 점수만으로는 학생의 능력을 온전히 평가하기 어렵다고 판단해 사고능력을 묻는 학력시험을 현 전체적으로 실시해왔다. 이것이 '10년 앞을 내다본 교육'이었다.

　　모리타는 이렇게 말했다.

　　"지금까지 숙련된 교사는 그 노하우로 아이들에게 지식을 잘 전달할 수 있었습니다. 한데 그 지식이 쓸모없는 사회가 되었습니다. 산업이 바뀌어 물건을 만드는 것보다 어떻게 파느냐가 중요해진 것처럼, 지식전달형 수업만 받아서는 사회에 나가 생각할 줄 모르는 사람이 되고 맙니다. 수업을 바꿀 필요가 있습니다만 혼자서는 불가능합

　　　　　　　　　　　　　　　　　　이토록 멋진 마을

니다. 교사도 협동해서 배워가야 합니다. 이론적인 근거와 자신감을 갖고 가르치기 위해 교직대학원이 필요한 것입니다."

어느 교과에나 공통된 것은 아이들의 사고과정을 가시화하고 있다는 점이다. 모리타가 가르치는 중학 1학년 사회과를 예로 들어보자.

한 학급을 10개 분과로 나누어 그룹토론을 벌인다. 가령 'EU 통합'에 대해서 "EU는 왜 통합할 필요가 있었을까?" 하고 물어본다. 답은 교과서에 있다. '통화 통일'을 위해서 같은 것. 이렇게 하고 말면 지식 전달형 수업이지만 교사는 곧바로 다시 질문한다. "통화 통일이란 건 과연 좋기만 할까?"

학생들은 각기 무엇이 좋은가를 이야기한 뒤 그것을 A2 크기의 화이트보드에 써넣는다. '수수료를 내지 않아도 되니 장보기가 간편하다'라든가 '관세가 폐지되어 물류가 좋아진다'든가 '구매가 늘어서 경기가 좋아진다'는 등 '떠오른 것' '생각한 것' '발견한 것'을 계속 써나간다. 그것을 교사가 촬영해 기록한다. 토론하는 과정을 기록으로 남기는 것이다. 사고의 경위를 남겨서 나중에 돌아볼 수 있다.

그룹마다 발표를 하면 교사가 "정말이야?" 하고 묻는다. 학생들은 증명하기 위해 자료집 등을 뒤져 조사를 한다. 이렇게 결론을 찾아내 EU 통합이 무엇을 의미하는지 자신들의 말로 보고서를 작성한다.

"당연한 것을 자신들이 한 번 더 생각해보는 겁니다. 가르침을 받는 게 아니라 배우는 것이지요."

그룹토론 과정을 기록으로 남기는 방법은 오래 전부터 후쿠이에서 행해진 전통이라고 한다. '포트폴리오'라고도 부르는데, 남기는 것만으로는 가치가 없고 반드시 기록을 되돌아보는 것이 중요하다.

무엇을 배웠는지도 직접 보고서로 쓴다. 사고과정을 반추해보면 자신의 최초 생각과 토론 후의 생각이 어떻게 달라졌는지도 알 수 있다. 요약하면 교사에게 가르침을 받아서 답을 끌어낸 것이 아니라 자신의 생각이 어떻게 바뀌어 어떤 결론에 도달했는가를 자신의 말로 쓸 수 있는 것이다. 이것이 '아이들이 주체인 수업'이다.

'사고과정의 가시화'는 체육에서도 진행된다.

가령 릴레이에서는 0.1초 단축을 목표로 한다. 목표가 정해지면 팀마다 기록을 단축할 방법을 생각한다. 발이 빠른 학생이 배턴 패스 거리에서 조금 더 길게 달린다거나 배턴을 잡을 때 손 내미는 방법을 바꾸어본다거나 여러 방법을 생각해 그것을 적는다.

알게 된 것, 생각한 것, 다음에 해보겠다고 결심한 것 등을 망라해 쓴다. 다 써놓고 보면 다음 체육수업 시간에 잊지 않고 확인해서 생각을 어디에 집중할지 판단할 수 있다. 기록 단축이 목적이기 때문에 그룹이 '협동'하지 않으면 안 된다. 발이 빠른 학생과 느린 학생의 협력이 필수적인 것이다.

승부가 목적이라면 이토록 치밀하게 계산하지 않는다. 사고와 토론과 연습을 반복해 마지막으로 기록대회를 치른다. 기록을 달성한 반은 환호를 한다. 그것으로 끝나지 않고 왜 기록이 좋아진 것인지

또는 나빠진 것인지 이유를 생각한다.

몇 번이고 생각한 것을 적는다. 적고, 적고, 또 적는다. 그렇게 해서 생각을 정리한다.

스스로 과제를 발견해 협동해서 해결해나간다. 여기에는 커뮤니케이션 능력을 높여간다는 전제가 깔린다. 이것이 모든 수업의 기본이다.

사회로 나갔을 때는 학교에서 배운 지식들이 이미 낡은 것이 되어버린다. 세계화와 초고령화에 따라 사회체제가 변하는 건 불가피하다. 그런 사회에서 좀 더 현명한 결과를 이끌어내는 힘은 바뀐 세상에 맞게 생각하고 그 사고를 종합적으로 정리하는 능력이다.

후쿠이현의 학교에서는 바로 그 능력을 가르친다.

필요와 가치를
추적해봐

후쿠이현과 다른 현의 차이를 살피는 데 중학교 '기술·가정' 수업은 좋은 사례가 될 것이다.

내가 중학생이던 1970년대 중후반에는 기술시간에 목공으로 '독서대'를 만들었다. 지금 생각하면 왜 독서대였는지 모르겠지만, 만드는 기술과 도구사용법을 배운 기억이 난다. 현재의 학습지도요령에는 물건 만들기와 가공기술은 예전과 같이 나오고 여기에 컴퓨터를 이용한 정보수집과 전달 방법이 추가되었다.

후쿠이현은 여기서도 '생각'으로 시작한다. "학교에 필요한 것은 무엇일까, 있으면 편리하겠다고 생각하는 물건을 찾아보라."

어느 중학교에서는 모든 교실의 교탁을 학생이 만들고 있다. 빨강과 노랑, 청색 등으로 칠한 교탁이다. 분필을 모아두는 분필통을 만든다든지, 테니스장의 심판대를 만든 학생들도 있다. 만들 필요가 있는가를 찾는 것부터 수업을 시작하는 셈이다.

이 과목 역시 그룹으로 작업을 하기 위해서는 '협동'이 필요하다. 그 다음으로 '누군가를 위해' '학교를 위해 만든다'는 식으로 물건 만들기에 접근하는 과정에서 '가치의 발견'을 이끌어낸다. 물건 만드는 방법을 가르치는 데서 머무는 게 아니라 "왜, 누구를 위해 만드는가?"를 질문하게 한다. 물건을 만드는 행위를 통해 사회에 나가서도 요긴하게 사용할 사고능력을 배우는 것이다.

후쿠이현의 가정과 수업에는 유치원 실습이 있다. 중학교 2학년 학생들이 유치원에 가서 원아와 함께 시간을 보낸 뒤 이것을 교사에게 보고하고 글로 쓴다. 모리타가 말했다.

"사회과 수업을 할 때는 스스로 그다지 잘하지 못한다고 생각해 발표하지 않던 학생이 유치원에서 돌아오면 생기 넘치는 표정으로 이야기를 합니다. '이 아이가 이렇게 이야기를 잘 하는구나.' 제가 놀랄 정도입니다. 그런 뒤에는 저도 그 학생을 보는 눈이 달라집니다. 그렇게 모든 것이 저의 수업으로 살아서 되돌아오기 때문에 학생들이 많은 것을 가르쳐주는 셈이지요."

사회과 교사가 가정과 수업을 알고 있는 이유는 교사가 상호 참관을 하기 때문이다. 흔히 교사는 자신의 수업을 다른 교사에게 보여주는 일이 거의 없다. 후쿠이에서는 누구나 자유롭게 다른 수업을 볼 수 있다. 수업을 공개함으로써 그동안 알지 못했던 학생들의 다른 면을 발견해 교사 자신이 배울 기회를 얻는 것이다.

정상을 알고 가는
등산로처럼

후쿠이현에서는 효과적으로 학력을 높이기 위해 교실 자체를 바꾸는 시도를 하고 있다.

먼저 '사고과정 가시화'의 다른 형태로 '교과센터 방식'이라고 불리는 것이 있다. 마쓰키는 이렇게 설명했다.

"보통 학교 교실은 원룸 형태입니다. 한 교실에서 수업을 받고 급식을 먹고 놉니다. 원룸과 같은 생활스타일이지요. 그런데 우리는 1학년부터 3학년까지 사용하는 '수학의 교실' 등 과목마다 교실을 따로 만들었습니다."

수학시간에 1학년생이 사용하는 그 교실 벽에는 2학년생과 3학년생이 수업에 사용한 그래프나 공식이 붙어 있다. 정상까지 이어지는 등산로에 무엇이 있는가를 보여주는 셈이다.

"학생들은 왜 1차함수를 배운 직후 1차방정식을 배우는지, 그 이유를 모릅니다. 교사가 '오늘부터 1차방정식이다'라고 말하면서 교과서를 펴라고 하기 때문에 그냥 막연하게 공부하는 것에 불과합니다. 그러나 수학의 교실에 오면 지금 공부하는 수학이 1년 뒤, 2년 뒤에 '이렇게 되네' 하는 이미지를 떠올릴 수 있게 됩니다. 향후 전망과 배움의 전체 상이 보이는 체제이지요."

주입식 교육은 사고능력을 키우지 못한다는 비판을 받아왔다. 이런 지식은 분석된 '점'의 형태이기 때문에 연속성을 갖지 못한다. 살아가는 동안 무기로 쓸 수 없는 것이다.

참 지식이란 학년이 바뀌어도 그리고 사회인이 되어도 연속적으로 이어져야 한다. 학생이 그것을 깨달아야 비로소 공부가 '내일을 위해 도움이 된다'는 사실을 납득할 수 있다. 이 길을 걷다보면 다음 단계에서 어떤 '장소'에 도달할까. 과정이 보이기 때문에 이해가 깊어진다.

"교실에 벽이 없다고요?"

지식전달형 수업에는 상자 형태의 교실에 칠판이 있고 학생들의 책상이 죽 늘어선 형태가 가장 효율적이었다. 일방통행형 교실이다.

지식전달형 수업이 지금 시대에 맞지 않는다면 건축을 바꾸는 것으로 학력을 올릴 수 없을까.

지금까지 말했듯이 후쿠이현에서는 사고능력을 높이기 위한 커뮤니케이션에 역점을 두어왔다. 그래서 2008년에 신축 이전을 결정한 후쿠이시 시민중학교에서는 학부모교사협의외(PTA) 및 지역 대표부터 건축가까지 머리를 맞대고 논의한 결과 커뮤니케이션 능력을 높이는 실험을 하기로 했다. 직선을 없앤 곡선 형태의 건물로 학교를 만든 것이다.

안뜰은 타원형이고, 교실도 곡선과 원형이었다. 책상도 둥근 것을 사용했다. 온통 곡선인 곳은 공간 낭비가 심하다. 교사들은 괴로웠다. 사각 교실과 달리 학생들과 커뮤니케이션을 할 때 어디를 향하면

후쿠이 시민중학교 교실

타원형 건물에 교실 모양도 곡선과 원형이다. 교실 간 칸막이가 없는 이 실험적인 구조는 '칵테일파티 효과'를 불러와 학생들의 집중력을 향상시킨다.

좋을지 알 수 없었다. 사각은 상하관계와 서열을 분명히 해준다. 하지만 곡선과 원형의 경우 효과적인 커뮤니케이션을 위해서는 여러 모로 궁리를 해야 한다.

"선생님 여기 봐주세요." 하는 목소리가 여기저기서 나오고 교사는 커뮤니케이션을 한다는 자각 아래 세심하게 대응하지 않으면 안 된다. 칠판 앞에서 자신이 말을 하면 학생들이 입 다물고 들어주는 상황이 사라져버린 것이다.

게다가 교실 간 벽을 없앴다. 다른 학급의 수업이 들리는 탓에 당연히 시끄럽다. 열심히 상대방의 이야기를 들어야만 하기 때문에 집중력이 높아졌다.

일명 '칵테일파티 효과'다. 숙제를 집에서 할 때 아이방에서 혼자 하는 것보다 가족이 모여 있는 거실에서 하는 쪽이 집중력을 높여준다고 한다. 그런 효과를 노렸다.

그렇지만 지역에서 건물 구조에 대한 비판이 나온 사건이 발생했다. 경찰이 개입하는 학교폭력이 일어난 것이다.

새 학기를 맞아 벽이 없는 교실에서 가르치던 교사들이 대거 전근을 갔다. 새로 부임한 교사들 대부분은 교실에 벽이 없는 학교가 처음이었다. 이런 식의 소통법에 익숙하지 않은 그들은 당황했다. 반면 학생들은 자유로운 감성과 사고능력을 지니고 있었다. 자신의 생각을 드러내는 것으로 다른 학생을 거느릴 수 있다는 점을 아는 학생이 있었다. 지배하는 쾌감이 커지자 교실에서 큰소리를 냈다. 거기에 호응이라도 하듯 다른 교실 학생들도 소란스러워졌다. 차츰 상승작용을 일으켜 말을 이용한 지배가 폭력으로 바뀐 것이다.

교사를 대규모로 교체한 인사이동과 교육집단을 뒷받침하는 체제가 자리잡지 않은 탓에 발생한 사건이었다.

유일한 대책은 무엇을 어떻게 개선해야 나아질지 계속 고민하고 바꾸는 것이다. 시대에 맞지 않는 이전의 교육방침으로 돌아간다고 해결이 되지 않는다. 진보하기 위해 시행착오는 감수해야 한다.

본디 우리는 서로 이해하기 어렵다

　2014년 6월 후쿠이대학교 교직대학원에서 실시한 라운드테이블에 참가한 나는 학교가 사회의 축소판이라는 사실을 새삼 깨달았다.

　대학 진학을 주로 하는 학교에 근무하다 가정환경이 어려운 학생이 많은 학교로 옮겨간 간토 지방의 고교 교사가 '학생들의 자기 긍정도가 낮은 것'을 고민하고 있었다. 부모와 주위의 돌봄을 받지 못하고 성장한 아이들은 무엇이든 쉽게 포기한다고 했다. 취직을 해도 금세 그만두고 심한 말을 듣거나 따돌림을 받으면 쉽게 좌절한다. 이 교사는 학생의 무기력에 대해 이야기하기 시작했다.

　반면 잘사는 집 아이가 많은 사립 여자중학교에서 온 여성 교사는 학생들이 대충대충 합의를 한다고 말했다.

　사춘기 초입에 있는 여학생들은 이야기 나누는 것을 싫어한다. 자신을 내보여서 미움을 사든가 책잡히는 게 두려워 대충 남에게 맞춰버리는 것이다. 파문을 일으키고 싶어하지 않기 때문에 토론이 되지 않는다. 자신을 내보이지 않고 남의 비위를 건드리지 않는 선에서 소통한다. 실패하는 쪽이 더 배울 게 많은데도 실패를 두려워하는 성향 때문에 속마음을 내놓고 토론하는 상황을 피해버린다.

정답이 없는 상황이기 때문에 테이블에 앉은 교사들이 각자 의견을 말하면서 대화를 나누었다.

"그런데 학교교육이 인간을 이해하게 해준다고 너무 미화되어 있지 않습니까. 인간은 서로를 이해할 수 없다는 것에서 시작해야만 하지 않을까요."

그런 이야기를 한 사람은 내 옆에 있던 모리타였다. 그는 합의 도출이 어려운 사례로 1학년생 120명이 '학년 목표'를 정할 때 10시간 걸렸던 일화를 소개했다.

"올해 1학년이 체육관에 모여서 학년 목표 표어를 만들려고 했더니 처음에는 다른 사람의 아이디어를 놀린다든지 비판한다든지 해서 아무것도 정하지 못했습니다. 하지만 비판적인 의견을 말하던 학생도 친구와 격렬하게 의견을 주고받는 과정에서 토론의 의의를 느끼는 겁니다. 시간이 걸리더라도 무언가 좋은 것을 만들어가자는 분위기로 변해갔습니다."

그렇게 분위기가 바뀌어 토론이 건설적으로 진행되었고 최종으로 두 가지 안이 나왔다.

첫 번째 표어는 '영원의 불꽃놀이'였다. 1학년 120명의 색깔을 내는 불꽃을 모두 만들어보자, 그리고 졸업할 때 큰 불꽃놀이를 하자는 의미다. 그러나 '불꽃은 한순간에 타버리지 않느냐'라는 반대 의견이 나왔다. 다시 더 생각해 최종으로 정한 것이 '영원의 톱니바퀴'였다. 이것은 학생이 하나라도 빠지면 톱니바퀴가 완성될 수 없다, 한 사람도 빠지지 않는 톱니바퀴가 되자는 의미였다. 처음에 서로 놀리고 비아냥거리던 게 믿기지 않을 만큼 적극적인 표어가 나온 것이다. 학생들은 어려움에 처한 친구를 돕지 않는다면 톱니바퀴가 제대로 굴러갈 수 없다고 말하기 시작했다. 그 뒤 학생들은 모두 영원의 톱니바퀴라는 표어를 다지인한 그림을 그려서 칠판 위에 붙이고 그것을 보면서 3년간 열심히 하자고 결심했다는 것이다.

"다수결로 정하지는 않습니다. 참으면서 의견을 절충하는 힘을 키워갑니다. 의견 도출은 어렵지만 그 어려움과 재미를 느끼는 '공간'이 중요한 것입니다. 커뮤니케이션하지 않으면 안 되는 상황을 만들어 사람을 끌어들이는 힘을 키우도록 하고 있습니다. 그것을 차분히 지켜보며 기다리는 교사의 자세도 중요합니다."

모리타의 설명이었다.

합의 도출, 다양성, 관용 같은 키워드는 시대의 요청이다. 마쓰키가 커뮤니케이션을 중시한 것은 학창시절부터이다.

"정말 만나고 싶은 선생님을 찾아간 적이 있었습니다."

그가 찾아간 사람은 도쿄대학교의 교육심리학자 우메즈 하치조 (1991년 별세) 교수였다. 맹농인盲聾人이라고 불리는 시각과 청각 중복

장애인 교육에 평생을 바친 인물이다. 마쓰키 자신도 중복장애인과 오랜 인연이 있는 사람이었다. 귀가 들리지 않고 눈도 보이지 않는다는 건 커뮤니케이션이 곤란하다는 말이고, 이들과는 오랜 세월에 걸쳐 소통하지 않으면 상대를 이해할 수 없다.

"우메즈 선생님은 이렇게 말씀하셨습니다. '사람에게 장애란 게 있는 걸까요. 귀가 들리지 않는 것은 장애가 아니에요. 내가 인연을 맺고 싶다고 생각하는 사람과 나 사이에 장애가 생겨나는 것이지요'라고 말입니다. 우선 자신이 안고 있는 장애를 걷어내는 것부터 시작하라는 겁니다."

우메즈는 이것을 '상호장애상황'이라는 말로 설명했다. 대화를 하지 않는 것은 양쪽 모두에게 교류장애가 존재한다는 의미이다.

사람을 키운다는 것은 상호장애상황과 비슷하다. 학생에게 모르는 것을 가르쳐주었는데 그 학생이 미처 이해하지 못한다면, 그건 교사가 학생에 대해 알지 못하기 때문에 제대로 전달되지 않은 건 아닐까. 상호장애상황이라는 '잣대'로 세상을 보면 어려운 문제를 당장 해결할 수는 없을지라도 그동안 몰랐던 생각들이 떠오를 것 같은 기분이 들었다.

일상이 곧
학교인 마을

"왜 전국학력평가에서 언제나 최상위권입니까."

마쓰키에게 이렇게 질문했을 때 그는 잠시 생각한 뒤 진지한 얼굴로 이렇게 말했다.

"역시 잇코잇키一向一揆(전국시대 불교의 평등 구원사상을 신봉하던 농부와 소작농, 상공업자, 불교 신자와 승려들이 일으킨 봉기—편집자)에 실패했기 때문 아닐까요."

도대체 어느 시절 이야기를 끄집어내는 것인지 잠시 의아했지만 실은 잇코잇키까지 거슬러 올라가는 사람이 한둘이 아니다. V자 회복을 한 후쿠이현의 '바닥 치기'는 거기서 시작된 것이라는 이야기다.

전국시대 잇코슈淨土眞宗 혼간지파本願寺派를 중심으로 승려와 농민, 상공업자 등이 봉기를 일으켰다가 오다 노부나가에게 진압당했다. 이를 두고 "유럽에서 말하는 중세의 시민혁명에 실패한 것입니다."라고 설명하는 사람을 후쿠이에서 여러 명 만났다. 승려들은 절을 잃고

실업자 신세가 됐다. 당시 그들이 신앙을 지키기 위해 시작한 것이 학교 같은 도장이었다. 승려들의 설법을 듣고 이야기를 나누고 배우는 관습은 지금까지도 남아 있다고 한다.

특징적인 것은 그후 번의 재정이 어려운 상황에서도 인재교육에 힘을 쏟았다는 점이다. 에도 말기 '서양과의 교역은 물건뿐 아니라 지혜를 주고받는 것도 필요하다'는 판단 아래 양서습학소라는 학교를 열어 서양의학 등을 포함한 근대 학문을 가르쳤다. 당시 나가사키에 유학하는 사람 중에는 후쿠이번이 압도적으로 많았다고 한다. 재정난을 겪으면서도 번에서 비용을 대는 제도를 만들어 젊은이들이 난학蘭學(에도시대 네덜란드를 통해 일본에 들어온 유럽의 학문 — 편집자)을 배우도록 한 것이다.

후쿠이대학교 교직대학원에서 하고 있는 '실천교육'의 출발점을 보는 듯한 느낌이 든 때가 있었다. 다이쇼부터 쇼와에 걸쳐 후쿠이의 미쿠니진조고등소학교에서 시행된 '자발自發 교육'을 알았을 때였다.

'자발 교육'은 획기적이었다. 당시 일본의 교육은 일왕제 교육이라는 교사 주도의 수업이 지배하고 있었음에도 불구하고 아이들 눈높이에서 가르치고 배우는 것을 추구했기 때문이다. 정부의 의도와는 거리가 먼 이런 교육은 중앙권력에서 떨어져 있는 지역이기에 가능했다고밖에 생각할 수 없을 정도다.

학습에 포함시킨 '자발'이라는 개념은 불교의 '자각自覺'에서 유래했다. 본래 이것은 '열등아 구제'를 위한 것이었다. 후쿠이에서는 과거의 교육을 '유물'로 보고 있었다(《가가·에치젠과 미노가도》 요시카와코분칸). 아이들이 '자각'을 몸에 익히도록 하기 위해 도입한 것이 '자주학습'이라는 이름의 수업이었다. 거기서 학생들은 '학습제재' '학습자료' '학습방법'을 자신이 고른다. 그리고 지금 후쿠이의 교육처럼 '쓰고 쓰고 또 쓴다.' 이것을 당시에는 '예정' '반성' '정리'라고 불렀다. 아이들이 스스로 학습 진행상황과 느낀 점을 일지에 쓰는 것이다. 교사는 돌아다니며 이러한 학습법을 돕는다. 지금 후쿠이 교육의 출발점이다.

잇코잇키, 쌀 소동 등 후쿠이의 역사는 '패배'의 역사라고 해도 과언이 아니다. 아무것도 없으니까 머리를 써서 살아남아야 했다. 유일한 무기는 교육이고, 학교는 생존을 위한 준비의 장이었다.

후쿠이의 교육방법과 비슷한 방식을 발견한 사람이 있다. 나치 정권이 베를린대학교에서 쫓아낸 유대인 심리학자 쿠르트 레빈이다. '사회심리학의 아버지'로 불린 레빈은 망명지인 미국에서 시민권을 얻어 매사추세츠공과대학교에서 '그룹다이내믹스 연구소'를 세웠다. 거기서 그는 집단으로 배우는 효과를 연구했다.

그리고 1946년 메인주에 '내셔널 트레이닝 래보러터리즈'라는 능력개발연구소를 설립했다. 거기서 만든 개념이 '러닝 피라미드'라는 '평균학습정착률'이다. 이 피라미드를 보면 강의를 일방통행으로 진행할

이토록 멋진 마을

그림 17 러닝 피라미드

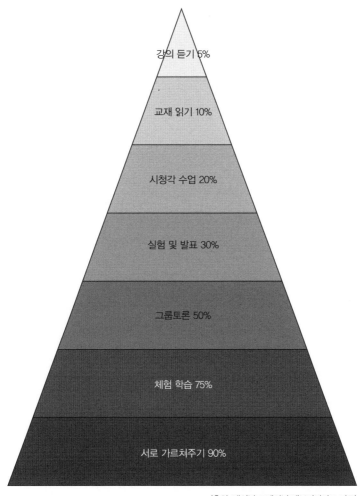

강의 듣기 5%

교재 읽기 10%

시청각 수업 20%

실험 및 발표 30%

그룹토론 50%

체험 학습 75%

서로 가르쳐주기 90%

(출처: 내셔널 트레이닝 래보러터리즈 자료)

경우 학습정착률이 5퍼센트에 불과하다. 스스로 교재를 읽으면 정착률은 10퍼센트가 된다. 시각과 청각을 통해 학습하면 20퍼센트, 실제 연습이나 시연을 함께 하면 30퍼센트, 그룹토론으로는 50퍼센트, 직접 체험을 하면 75퍼센트 뛰어오르고, '다른 사람에게 가르쳐주는' 행위를 하면 정착률은 90퍼센트가 된다. 아이들이 그룹 내에서 가르치는 '서로 돕기'를 할 경우 가르치는 아이 역시 생각이 정리돼 큰 효과를 얻는 것이다.

오래 전 후쿠이에서 하고 있던 '자발 교육'을 더 진화시켜 학습정착률을 향상시킨 것이 지금 후쿠이에서 하고 있는 교육법이라고 말할 수 있을 것이다.

지금도 후쿠이에서는 승려가 가정을 돌며 설법을 한다. 3세대가 같이 사는 집이 많기 때문에 아이들 앞에서 부모와 조부모가 승려의 이야기를 듣는다. 또 절에서 일요학교가 열리면 가족이 함께 가서 듣는 습관이 있다. 이런 생활습관 덕에 사람의 이야기를 열심히 듣는 행태가 몸에 밴다. 마쓰키는 이렇게 말했다.

"수업 개혁이 전국학력평가에서 후쿠이현을 1위로 만들었다고는 생각하지 않습니다. 오히려 저희들은 1위라는 사실을 바탕으로 지금부터 필요한 학력에 대응할 수 있도록 하자고 말합니다."

아이들의 성적이 좋은 한 가지 이유로 마쓰키는 '숙제'를 들었다. 숙제는 교사가 채점하는 부담을 줄이기 위해 사라지는 추세이지만 후쿠이현에서는 아직도 숙제를 열심히 한다는 것이다.

이토록 멋진 마을

"숙제라는 것은 아무 발견도 없고 탐구도 없습니다. 그저 공부를 반복하는 겁니다. 했던 것을 또 하는 일이죠. 그러나 숙제는 중요한 것을 가르쳐줍니다. 부지런해야 한다는 겁니다. 재미없는 것을 부지런히 계속하면 좋은 성적으로 나타난다, 부지런함이 결과를 말해준다는 사실을 일찍부터 깨닫는 겁니다."

교육만이 아니라 안경, 섬유, 칠기 등 지역산업이 변하는 시대에 맞춰 혁신을 해나가는 것은 이런 부지런함 덕분이다.

맞벌이를 당연하게 생각하고, 여성도 사회에 나가서 일하고, 남녀는 직장에서 만나 결혼하는 사례가 많으며, 아이를 낳아 어린이집에 맡기고 다시 일한다. 고령자도 집에 틀어박혀 지내는 대신 일을 하거나 자원봉사활동, 지역활동을 활발하게 한다.

'IT의 고장'을 선언한 사바에서는 이런 이야기를 들었다. 마을회관 등 공공시설을 이용해서 여는 학습서클 중에 스마트폰 앱을 개발하는 공부모임이 있다고 한다. 거기에 오는 사람들 중에는 정년퇴직한 고령자들이 많다. 산책할 때 사진을 찍어서 그것을 지도로 만든다든지 가공하는 앱을 스스로 만드는 것이라고 한다.

평생 현역, 평등, 사람과 사람의 연계, 부지런함.
후쿠이에서 보고 들은 이야기를 정리하면 이런 말이 된다. 화려하지 않은 이 평범한 말을 보며 의외의 것을 느꼈다. 부지런함. 그것은 외국인이 일본인의 특성을 칭찬해서 표현할 때 사용하는 전형적인 말이 아닌가. 일본인이 당연하다고 생각하던 것을 후쿠이 사람들은 꾸준히 계속 해나가고 있었다. 한편 다른 일본인은 부지런함이나 연대에 가치를 두지 않게 된 것일까.

후쿠이에서는 부지런한데다 평생 현역이고, 여성이 사회에 나가서 일하는 것이 당연하다. 맞벌이 비율이 일본 내 1위이고 직장에서 남녀가 만나는 사례가 많다고 한다. 만난 남녀가 사랑에 빠져 결혼해 출산하면 주위에서 그들을 도와주고 여성은 다시 나가 일을 하니 출생률이 높은 것도 당연하다.

이런 가치관은 후쿠이만의 특별한 점인가. 아니면 다른 지역이 변해버린 것일까.

향토애에 대해서도 비슷한 이야기를 할 수 있다.

도덕 교과서에서 애국심이나 향토애를 설명하려고 하면 반드시 찬반이 엇갈린다. 교과서로 설명하는 방법은 옛 소련이나 중국이 해온 공산주의 교육과 닮아 있다. 아이들의 마음은 백지여서 거기에 붉은 사상을 심으면 공산당에 충실한 청년으로 성장한다고 흔히 말한다. 그러나 생각한 대로 잘 되지 않았다.

과연 향토애는 교과서로 가르칠 수 있는 것일까.

향토애를 어떻게 키워주느냐는 나의 질문에 마쓰키는 "지역에 대한 정체성을 지닌 아이들을 키우는 데는 학교의 역할이 큽니다."라고 대답했다. 예를 들어 학교에서 돼지를 키우려면 지역 사람들의 협력이 필요하다. 농협, 수의사, 사료, 정육점. 실천교육을 위해서는 지역의 도움이 필수다. 이렇게 해서 아이들을 '지역 사람들이 함께 키운다'는 이야기가 만들어진다. 정체성이 형성된 아이는 어른이 되어 고향으로 돌아온다.

한편 학교에서 하는 실천교육에는 어른 역시 즐겁게 참여한다.

그래서 마쓰키는 이렇게 말하는 것이다.

"학교는 지역을 육성하는 곳이 되어야 합니다."

결론

미래를 견인하는 후쿠이 모델

여성도 활약하는 **다함께 경제**

행복도 조사에서 언제나 상위를 차지하는 호쿠리쿠 3개 현 중 아마도 가장 평범한 현일 후쿠이가 객관적인 행복도 순위에서 1위인 것은 왜일까. 이유는 3개 현 중 합계특수출산율이 가장 높기 때문일 것이다. 아이 낳아 키우기 편한 환경이기 때문에 여성이 일하기도 편하다. 거기에 주목한 것이 중소기업청이었다.

그림 18은 중소기업청이 〈중소기업백서 2012년판〉에서 도식화한 '호쿠리쿠 지방의 맞벌이를 통한 가치창조 모델'을 바탕으로 만든 것이다. 백서는 이렇게 지적하고 있다.

맞벌이 비율, 합계특수출산율 둘 다 전국 평균을 웃도는 호쿠리쿠 3개 현에서 기업은 부가가치를 높이는 경영을 통해 가계 인력을 정사원으로

그림 18 후쿠이 모델

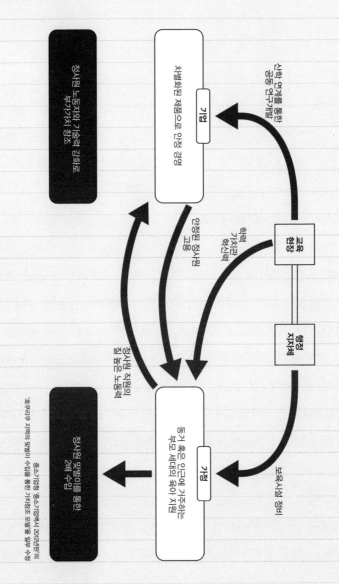

기업
차별화된 제품으로 안정 경영

정사원 노동자와 기술련 강화로
부가가치 창조

기정
동거 혹은 인근에 거주하는
부모 세대의 육아 지원

정사원 맞벌이를 통한
2배 수입

산학 연계를 통한
응용 연구개발

학력 가치관
학신력

안정된 정사원
고용

정사원 직원의
질 높은 노동력

보육시설 정비

교육
현장

행정
지자체

'후쿠리쿠 지역의 맞벌이 수입율 통한 가치창조 모델'을 일부 수정
중소기업진흥 '중소기업백서 2012년판'의

고용한다. 그리고 지자체는 기업의 연구개발, 가계의 육아를 지원해 선순환을 더욱 가속화한다.

이 사이클을 구성하는 맞벌이 비율, 여성의 노동력 비율 모두 일본에서 최상위권이 후쿠이현이다.

그러면 어떻게 가정, 기업, 행정 3자가 잘 순환하는 사이클을 만들어냈을까? 도야마현에서는 여성 직원의 비율과 숫자 등으로 공공사업 입찰 때 우선권을 주는 등 여성의 사회 진출에 인센티브를 부여한다.

반면 후쿠이현에는 보이지 않는 전통문화와 가치로 이어진 공동체가 형성되어 있는 것 같다. 그 바탕에 깔린 가치관은 '타인을 스스럼없이 받아들이는' 관용적 태도일 것이다. 간호사였던 야마모토 노리코가 미디디어라는 회사를 설립해 우수디자인상을 두 번이나 받은 사례에서도 주위의 낯선 사람들이 '다 같이 나서서 도와주는' 상황이 몇 번이나 연출되었다. 시장의 말을 빌리면 '불교의 상호부조 정신'이다.

중소기업청이 '가치창조 모델'이라고 추천하는 이런 순환구조는 기업 국제경쟁력이 일본보다 높은 북유럽의 모델과 닮았다. 얼핏 스웨덴과 핀란드는 '고복지 고부담' 국가라는 이미지가 매우 강하다. '돈'이라는 시각으로 보면 분명히 그렇지만 '라이프스타일'이라는 관점으로 보면 다르다. 키워드는 '사회를 포괄적으로 디자인하는 힘'이다.

예를 들어 핀란드는 1960년대에 사회정책을 전환했다. 빈곤층과 약자 대상이던 사회정책을 '전국민 대상'으로 개편했다. 모든 사람을 대상으로 한 포괄적인 관점으로 사회정책의 프로세스를 다시 만들었다. 그리고 여기에서부터 개별 문제를 조정해간다. 일본에서는 주택정책, 가족정책, 경제정책을 따로 시행해왔지만 한 사람의 인생에서 그것은 한 덩어리로 연결된다. 개인의 행복이 무엇인가라는 관점에서 공통의 인생 시나리오를 만든 후 거기서 포괄적인 정책을 내놓는다. 큰 틀 만들기가 우선이라는 식으로 생각하면 될 것이다.

행복이란 무엇인가. 지역에 따라 무엇이 행복의 우선순위가 될지를 생각하면 개별 정책은 저절로 조정된다는 사고방식이다.

어쩌면 북유럽보다 빠르고 자연스럽게 그런 사회상을 짜낸 것이 후쿠이현일 것이다.

아이를 낳고 키우기 편한 사회. 여기에 중점을 둔 결과가 높은 출생률이고, 전국 최상위권의 노동력 비율 및 높은 맞벌이 비율로 이어진다. 가난하기 때문에 그렇게 하지 않을 수 없었던 사정이 있었다고는 해도 도시의 낮은 출생률과 출산 후 퇴직하는 많은 여성들, 열악한 여성의 노동환경과는 반대다. 목표 설정이 달랐기 때문이다. 전후 일본 정부는 지방의 젊은이가 도시로 몰리고 거기서 남녀가 만나면 자연스레 일정 수준의 출생률을 유지할 것이라고 생각했다.

또 하나. 도쿄대학교 사회과연구소 연구팀이 실시한 사회조사에서 '무엇에 희망을 갖는가?'라는 질문에 대해 전국적으로는 1위 '일', 2위 '가족'으로 나타났다. 그러나 후쿠이는 1위가 '가족'이고, 2위가 '일'이었다. 가족중심주의인데다 노동력이 높은 것이 재미있다.

일본에서 가장 빠른 **자발 교육**

앞서 살펴봤듯이 일본의 교육행정은 스스로 '역발상' 교육에 문을 닫아걸었다. 다가올 사회를 예견하고 거기에 맞춰 사람을 교육하는 것 말이다. 그런데 후쿠이에서 오랫동안 유지해온 생존 방식이 바로 '역발상'이었다. 안경테 제조기술을 가지고 온 마스나가 고자에몬의 '초바제도'와 다이쇼에서 쇼와에 걸쳐 후쿠이 시내에서 시행된 '자발학습'이 그것이다.

이것은 스탠포드대학교에서 시작한 것으로 알려져 있는 '디자인 사고'와 비슷하다. 학부 간 벽을 넘어서 발족한 이 대학교의 'd스쿨'에서 가르치기 시작해 감수성 높은 사람들과 학교교육 일반에 침투하기 시작한 방법론이다. 그러나 후쿠이에서는 디자인 사고라는 말이 알려지기 전부터 이 방법론을 도입했다.

디자인 사고라는 것은 디자인의 관점으로 사물의 본질을 포착해 널리 조직과 사회를 움직이자는 방법이다. 후쿠이대학교 교직대학원에서 실시하는 '실천교육'과 같은 맥락이다. 자신이 관찰해 과제를 발견하고 직접 조사해서 해결하는 식으로 사고능력을 키워간다. 디자인 사고라 하면 뭔가 새로운 개념처럼 들리고, 특히 일본인은 외국에서 온 이런 외래어에 약하지만 사실은 후쿠이현에서 오랫동안 '살아남기 위해' 해온 창의적인 공부 방법이다.

일본인은 외래어 개념을 참으로 좋아하고 즐겨 사용하는 경향이 있지만 등잔 밑이 어두운 법이다. 후쿠이현에서 실천하는 개념은 이것만이 아니다. 다음에 이야기 할 열린 혁신(오픈 이노베이션)도 그런 경우다.

지역이 통째로 인큐베이터

열린 혁신이란 자사의 기술만으로 상품을 개발하는 대신 다른 기업이나 대학과 아이디어를 공유해 획기적인 상품과 사업모델을 개발하는 방식이다. 젊은 사람들을 중심으로 소속 기업의 틀을 넘어 열린 혁신을 만들어내자는 움직임이 일본에서도 확산되고 있다. 이것을 일본어로 말하면 '담장을 낮춘다'이다.

일본에서 곧잘 듣는 '산학관産學官 협력'도 열린 혁신의 일종인데, 얼핏 새롭지만 사고방식은 옛날부터 일본에 있던 것이다. 담장 낮추기를 제대로 살려내지 못하기 때문에 신선한 아이디어가 나오지 않는다는 이야기를 곧잘 듣는다. 시청 공무원이 지역활성화를 위해 상공회의소를 찾아간다. 그러나 상공회의소가 지역경제 실태를 구석구석 알고 있느냐고 하면 그렇지 않다. 상공회의소에 소속되지 않은 사람과 조직에서 재미난 것을 발견할 때가 많다. 속마음과 겉모습으로 나누는 낮은 담장이 아니라 생생한 속마음의 '목소리'를 듣는 자리를 만드는 것이 중요하다. 그리고 그런 자리 자체가 산업을 육성해간다.

이토록 멋진 마을

사바에에는 2004년 호우 피해 이후 재해 복구를 지원하기 위해 시작한 '가와다 아트 캠프'라는 사업이 있다. 디자인과 예술전문대학으로 잘 알려진 교토세카대학을 중심으로 학생들이 해마다 여름에 옛 민가에 한 달 동안 묵는다. 예술이 사회에 공헌할 수 있는 길은 무엇일까라는 명제 아래 지역 사람들과 교류를 한다. 이것이 지역의 칠기 등 제조와 마을 만들기에 영향을 주고 있다.

고객의 목소리에 귀기울여 물건을 만들어가는 것도 담장을 낮추는 방법이다. 전국에 직영점을 가진 '야마구치공예'는 휴대전화기 케이스, 컴퓨터 키보드, 명함지갑에서 부엌용품까지 무엇이든 목제 공예품으로 만들어내는 회사다. 사바에에 본사를 둔 하코아는 대량생산·대량소비 시대에 소비자가 애착을 가질 수 있는 목제상품을 계속 만들어 인기를 얻고 있다.

마을을 움직이는 **시민주역사업**

사회적 과제 해결을 목적으로 하는 '소셜 비즈니스(사회적 기업)'라는 외래어도 사바에시의 '시민주역사업'과 닮았다.

사회적 과제를 시민이 적극적으로 해결하려는 배경에는 시민 한 사람 한 사람에게 '내가 지도자'라는 의식이 있기 때문이라는 이야기를 시내에서 들었다. 지도자란, 조직의 리더라는 의미만이 아니라 솔

선해서 자신의 일을 해결하는 사람이라는 뜻도 포함된다. 이른바 자신의 인생을 타인의 지시가 아니라 스스로 만들어가는 '자율'이 가능한 사람이다.

시장을 해임한 것도 한 사람 한 사람의 시민이고, 안경테를 지역산업으로 발전시킨 것도 대기업이나 시장의 명령이 아니라 한 사람 한 사람의 자율적인 정신 덕이었다.

다른 사람에게 맡기는 대신 자신의 일로 여겨 팔을 걷어붙이고 나아가 주위 사람들까지 움직인다. '시민주역사업'이 진화를 계속하는 동력은 바로 여기에 있다.

낯선 이를 끌어들이는 대접의 전통

두 번에 걸친 세계체조대회를 치르는 동안 인구 7만 명이 안 되는 사바에에 연 3만 명이 자원봉사자로 참가했다. 외지인을 극진하게 '대접한 이벤트'라고 할 수 있는 이런 일이 어떻게 가능했을까.

지역 만들기 취재를 하는 동안 '복잡계'라는 말을 몇 번인가 들었다. 산타페연구소가 제창해서 유명해진 말로, 언뜻 무질서해 보이지만 변화에 적응하기 위해 자기조직화하는 힘을 말한다. 가진 게 없다면 지혜를 짜내고 기술을 몸에 익혀 산업을 일으킨다. 절차탁마하는 경쟁자도 있고 지원해주는 조직도 있다. 그때 필요한 것이 외지인의 지혜다. 일본 제일, 세계 제일의 제품과 기술을 계속 만들어내는 후쿠이는 살아남기 위해 외지인을 거부하지 않았다. 그런 토양이 있기 때문에 두 차례의 체조대회를 성공적으로 치러낼 수 있었다.

　전국적으로 I턴과 젊은이 이주가 늘어나자 여러 지자체가 환영하며 이들을 받아들이고 있다. 그러다 보니 회사를 퇴직해 창업하는 사람들이 '어느 지역에서 창업할까' 하는 문제도 중요한 고려사항이 되었다. 사람과 기업이 지역을 고르는 시대가 도래한 셈이다. 지역을 고르는 조건은 사무실 임대료, 인건비, 교통 인프라만이 아니다. 자신들을 기꺼이 수용할 가치관과 기개가 있는가, 이 문제야말로 새로운 정착자들에게 가장 중요한 덕목이다.

당연해서, 특별한 마을

1979년 미국에서 크게 인기를 끈 청춘영화 〈영 제너레이션〉은 일본 영화가 별볼 일 없던 시절에 나와서 그런지 일본인들 사이에서도 명화가 되었다. 주인공은 인디애나주 시골의 촌티 나는 젊은이 4명이다. 그들은 고등학교를 졸업한 뒤 일자리를 찾지 못하고 채석장에서 빈둥거리며 나날을 보낸다. 이들은 그 지역 인디애나대학교의 엘리트 학생들에게 '커터Cutter'라고 불리며 바보 취급을 받았다. 부모가 암석 절단공(스톤 커터)이었기 때문에 붙은 이름이다. 이러니 대학생들과 사이가 좋지 않았다. 그러나 영화 클라이맥스에 대학이 주최한 자전거 경주대회에서 '커터들'이 학생들에게 완승하는 대역전극을 연출한다.

이것이야말로 우리가 연상하는 '지방 재생'이다. 과거에는 뜻 있는 젊은이라면 시골을 떠나는 것이 당연하다고 생각했다. 하지만 시대가 변해 주역이 교체되는 시점이다.

월간지 〈분게이슌주文藝春秋〉에 연재된 '다큐멘터리 현대 관료론' 집필 중 관료들을 취재하면서 느낀 것이 있다. 관료들이 '지방의 성공모델'을 찾고 있다는 것이다.

중앙정부가 국민을 행복하게 만들기 위한 정책 및 과제 해결책을 실행하는 데는 어려움이 있다. 시민과 직접 부대끼는 지자체 쪽이 과제 해결에는 더 적합하다.

그래서 중앙관청은 지자체의 '성공모델'을 찾아 "이런 사례가 있으니 모델로 삼지 않겠습니까?"라고 말하고 싶었을 것이다.

성공모델에는 여러 가지가 있지만 그것이 지속가능할지는 알 수 없다. 예를 들면 오이타현 분고타카다시의 '쇼와의 마을'은 지금도 인기가 있다. 쇼와 거리를 재현한 성공모델로 반드시 언급되는 지자체다. 그러나 내각 관방에서 지역활성화를 담당하는 사람이 "쇼와의 마을이라는 개념은 좋지만 인기를 끌자 관청에서 만들어 쇼와의 마을을 재현하고 있다. 이것을 성공사례라고 다른 지자체에 소개하는 것이 의미가 있을까"라고 이야기하는 것을 들었다. '쇼와의 마을'이 훌륭한 것은 재정적으로도 산업 차원에서도 위기에 직면한 지역이 옛날 건물을 이용해 영화 〈산초메의 석양〉 같은 마을을 만들어 성공한 스토리에 있다.

"왜 후쿠이인가?"라고 물어보면 나는 이렇게 답한다. 항상 무언가가 부족하기 때문이다. 부족하기 때문에 자발적으로 노력해서 필사적으로 그것을 메우려고 한다. 오랜 역사를 거치면서 그런 작업을 반복하고 있기 때문에 전혀 화려할 것도 없고 성공모델이라고 말할 만한 참신함도 없다. 그러나 지자체별 순위에서 알 수 있듯 후쿠이현은 전국 최상위권이라는 숫자를 결과물로 계속 내놓고 있다.

누구라도 부러워할 만한 만족감까지 얻은 것은 아닐지 모른다. 그럼에도 반영구적인 희망을 품을 수 있는 사회를 만들어가는 것이야말로 칭찬할 가치가 있는 것이 아닐까. 그것을 가능하게 하는 것이 교육에 대한 투자이다.

잇코잇키에 실패한 것으로 시작해 다이쇼에서 쇼와의 '교사 중심주의' 시대에 시작한 '자발 교육' 그리고 현재 교사 개혁의 터전이 된 교직대학원. 이것이 아이들의 시험성적 전국 최상위권이라는 결과물을 만들어내고 있다.

미래에 대한 투자는 이를 지탱해주는 공통가치관이 바탕에 깔려 있기 때문에 가능할 것이다. 누군가 해주는 것이 아니라 어떻게든 자신의 힘으로 한다. 문화도 사업도, 자신들이 혁신을 지속해나간다. 이렇듯 당연한 일을 하는 데 필요한 것은 '부지런함'이라는 사실을 후쿠이가 가르쳐주고 있다.

우리는 당연하다는 듯 '일본적'이라는 말을 쓰지만 정작 '일본적'인 것은 후쿠이현의 것을 말하는지도 모른다. 후쿠이에서는 참신하고 재미난 일을 결코 찾아볼 수 없다. 그냥 평범한 풍경이다. 하지만 이제 나는 이 지역이 대역전극을 연출하고 있다는 것을 누구보다 강하게 확신한다.

이토록 멋진 마을

옮긴이 김범수

〈한국일보〉기자이며 도쿄특파원으로 2011년 3월 말까지 3년 동안 일했다. 〈한국일보〉국제부장, 여론독자부장, 문화부장을 거쳐 논설위원으로 재직 중이다.
일본의 고독사 문제를 다룬 NHK 특별취재팀의 《무연사회無緣社會》, 전후 소련의 포로가 되었다가 돌아온 일본군 회고록을 담은 《일본 양심의 탄생》을 번역했다.

이토록 멋진 마을

첫판 1쇄 펴낸날 2016년 8월 25일
첫판 13쇄 펴낸날 2022년 10월 15일

지은이 | 후지요시 마사하루
옮긴이 | 김범수
펴낸이 | 지평님
본문 조판 | 성인기획 (010)2569-9616
종이 공급 | 화인페이퍼 (02)338-2074
인쇄 | 중앙P&L (031)904-3600
제본 | 서정바인텍 (031)942-6006

펴낸곳 | 황소자리 출판사
출판등록 | 2003년 7월 4일 제2003-123호
주소 | 서울시 종로구 송월길 155 경희궁자이 오피스텔 4425호 (03165)
대표전화 | (02)720-7542 팩시밀리 | (02)723-5467
E-mail | candide1968@hanmail.net

ⓒ 황소자리, 2016

ISBN 979-11-85093-43-7 03330

* 이 도서의 국립중앙도서관 출판시도서목록(CIP)은 서지정보유통지원시스템 홈페이지 (http://seoji.nl.go.kr)와 국가자료공동목록시스템(http://www.nl.go.kr/kolisnet)에서 이용하실 수 있습니다.(CIP제어번호: CIP2016015968)

* 잘못된 책은 구입처에서 바꾸어드립니다.